Emily Dickinson's

The Plants and Places
That Inspired the Iconic Poet

Gardening Life

詩人的祕密花園

啟發美國著名詩人艾蜜莉·狄金生
的植物與場域，梳理其寄花於詩的
生命隱喻

賴傑威（George W. Lytle）·董恒秀
陳坤燦

瑪塔·麥可道威
Marta McDowell 著

聞翊均 譯

審訂

Marta McDowell

CONTENTS

目錄

PART 1　　　　四季更迭，詩人的生命遞嬗

PART 2 綠意盎然，再造一座詩人花園

徜徉於花與詩中，品味真切人生的純粹與充實

1997 年曾親訪艾蜜莉·狄金生位在安默斯特的故居，那時的故居仍是 1916 年售出後，新主人將房子外漆除掉後的原始紅磚外觀，而非現在整修後恢復的淡黃油漆色調。閱讀這本書彷彿回到舊時光，重回詩人故居的初秋午后，煦陽自二樓窗口射來的瑩黃暖暖；清晨的後院草地，穿著涼鞋踩過時，露水裸涼沾腳。同時清楚記得那時高大成排的鐵杉將房子兩側遮蓋，正前方則兩邊各遮了約四分之一，因此很難拍照。作者麥可道威在書中提到，這些生長過度又遭病蟲害的鐵杉，已被樹籬取代。

已成博物館的詩人故居，參觀的亮點仍是她的臥房。艾蜜莉臥房的壁紙現在是玫瑰花團錦簇的明亮，而非我當時見到較顯寒意的淡褚黃色。事實上，玫瑰與明亮才是她臥房的本色。

第一位書寫詩人花園的是著名的狄金生學者法爾（Judith Farr），她在 2004 年出版了 The Gardens of Emily Dickinson。法爾側重在實際花園是內在花園的指標，也就是象徵與內質的許多相互映射。內在花園是狄金生詩花與書信花所構築的藝術景緻，而這樣的景緻也反應在她的實際花園。這是一本具有文學厚度論述狄金生的詩與花的書。

至於瑪塔‧麥可道威這本 2019 年出版關於詩人的園藝生活之書，則有許多照片與插圖，視覺效果極佳。翻閱書頁彷如走進艾蜜莉的花園，觀賞四季更替的花卉的同時，也閱讀了詩人的一生。

艾蜜利‧狄金生的詩，宛若一朵朵綻放的龍膽花

　　2018 年初我也曾在《關鍵評論》網自己的專欄裡以她一首龍膽花的詩介紹狄金生與其押花藝術。我是這樣翻譯：

上帝造了一株小龍膽 —
它嘗試 — 成為玫瑰 —
失敗了 — 整個夏天都在嘲笑 —
而就在冰雪來臨前

那裡升起一株紫色之物 —
喜麗了整個山丘 —
夏天藏起她的臉 —
冷嘲熱諷 — 息止 —

冰霜是她的條件 —
泰爾紫不會顯現
直到北方 — 召喚它 —
造物主 — 我應 — 盛開嗎？

當夏日饗宴結束，繁花紛紛凋謝之際，狄金生的詩花，像詩裡的

龍膽花，在乾冷新鮮的空氣裡、在山丘上，綻放一朵朵的清純。

　　冰雪是造就龍膽花本色的條件，也就是嚴酷。換句話說，將狄金生的詩花翻譯成中文會遭遇極大的挑戰。狄金生的詩在結構上常常像迷宮，譯者必然會面臨文法與文意構成上的種種困難與不確定。還有詩人個人的密語，以及文學、歷史與宗教的種種典故與引喻，在在考驗著譯者。另外，狄金生詩藝術的一大特色是，以斷碎的英文表現難以完整表達或無法表達的感覺與存在困境，而這樣的獨特風格卻是譯者的夢魘。

　　我們花了相當多的時間進行審訂，書中引用的 87 首詩是由精通中英文的 Mr. George Lytle（賴傑威）擔任主審，我為副審，至於本書作者所寫的內容中譯部分則由我審訂。之所以會花去我們很多時間，在於狄金生的詩與書信的翻譯如前所述困難度極高，若未在這個領域有長期的研究與翻譯經驗，必然會犯下不少錯誤。雖然如此，我們在指出與提供正確翻譯的同時，仍儘量保持譯者原有的行文方式。文學翻譯是個困難的工作，不僅要具備相當的文學與文化背景，翻譯過程中，非常耗費譯者的心力與時間。

從詩裡的自然中，看見安定的力量

　　擁有異質性風格獨具的詩人通常都帶有叛逆，不過這種叛逆不是為了和別人不一樣而刻意叛逆，而是不願加入一般習慣性的用法或標籤式的寫法，選擇了不同的道路。因此可以說，是為了追尋人生真切的感覺與真情，也就是真實的內涵而叛逆、而成為孤獨與深邃者。艾蜜莉·狄金生即是這樣的詩人。

　　狄金生曾在一封信裡說：「孩童時期我僅撒播多年生的種子 — 這是何以我的花園持久。」（信 989）這本書讓你可以藉由狄金生的園藝

生活，欣賞到詩的花園與花園的詩融成一體，自然寫入詩裡，詩裡有自然。人生有悲傷、有喜悅、有起伏，而多年生、四季不斷、永駐的自然，能帶給詩人安定感，是她汲取安靜的泉源，至於美麗與喜悅的花，永遠是自然一個打開的可愛窗口。

———— 董恒秀

作家・翻譯家・本書審訂

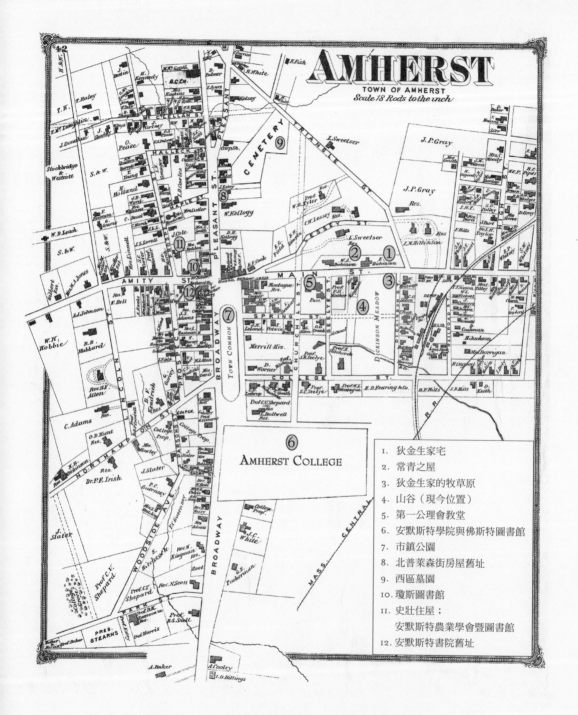

AMHERST

TOWN OF AMHERST
Scale 18 Rods to the inch

1. 狄金生家宅
2. 常青之屋
3. 狄金生家的牧草原
4. 山谷（現今位置）
5. 第一公理會教堂
6. 安默斯特學院與佛斯特圖書館
7. 市鎮公園
8. 北普萊森街房屋舊址
9. 西區墓園
10. 瓊斯圖書館
11. 史壯住屋；
    安默斯特農業學會暨圖書館
12. 安默斯特書院舊址

與艾蜜莉・狄金生有關的地點；與 1873 年的安默斯特地圖重疊所製。

打個方向燈左轉，狄金生意外走進我的人生

對我而言，艾蜜莉・狄金生是人生中的一個意外，而她的園藝與我的文字搭上關係，更是意外中的意外。

事情發生時我還在一般公司上班；若從大學畢業算起，當時我已工作了 20 餘年，事業逐漸起飛。你可能覺得難以相信，但當時我每天都衣冠楚楚；那時 40 多歲的我裝扮成一名嚴謹的保險公司經理人，獨自駕車到新英格蘭各地的公司，去傳達管理相關的知識。

那是 1990 年代的夏日午後，我在麻州佛萊明罕結束了午餐會議後，要前往春田住一晚。我沿著 90 號州際公路向西行，橫越麻薩諸塞州（簡稱麻州）中部。收費公路在蒸騰熱氣下不斷顫抖，我急需咖啡因，於是打了方向燈，前往勒德羅餐館（Ludlow Service Plaza）。這天剩下的時間無聊至極，我知道我將要一個人吃晚餐、住進無名飯店再處理過多的電子郵件。但我在這個位於大西洋與太平洋之間的州際休息站裡看到了一個文宣架，上面有幾個當地導覽行程正對著我招手。這時我瞥見一本介紹艾蜜莉・狄金生家宅（Homestead）的小冊子，眼睛立刻亮了起來。

雖然我表面上已用套裝層層包裹住自己，但接受過人文科學教育

的那顆心，依然在體內跳動著。在遙遠的記憶中，零散的狄金生詩作輕振翅膀，其中的文字都長著羽毛。那本博物館小冊子寫著最晚的導覽梯次是下午 4 點，我用如今看來十分古老的投幣式電話打過去詢問。一位操著麻州中部口音的女人說沒問題，我可以及時趕到安默斯特（Amherst）參加導覽。

往北駛的路程充滿田園風光——康乃狄克河與其上的卡文柯利基橋，田野綿延起伏，我的視野中不再出現商店街和交通號誌燈。安默斯特市中心的大學生全都在仲夏時節離開了，陰涼的公共區域悄然無聲。

與狄金生家宅的相遇對我來說是一種，怎麼說呢？一種超凡絕倫的體驗。我從導覽得知艾蜜莉·狄金生跟我一樣是名園丁。這裡有她的壓製植物收藏，或者該說那是收藏的摹本。她父親書房的牆上有一張裱框照片，照片裡是她的溫室；她同時也利用這一面牆通往另一個更小的溫室，在裡面擺了好幾架盆栽植物。再往外面的開闊空間走，便會踏進她的花園，我在這裡走上了更長遠的一條路。狄金生的花園變成了我學習的道路，我在這裡以她對植物的追尋為背景，開始思考她的生活和她的詩。簡而言之，引領我進入園藝寫作的人，就是狄金生。

回到狄金生的年代，想像園藝之趣

我必須感謝湯姆·費雪（Tom Fischer）兩度使我研究艾蜜莉·狄金生園藝的路途更加順遂。他的第一次幫助在 1999 年以拒絕的形式出現，那時我投了一篇文章到他編輯的雜誌《園藝學》（Horticulture）。他回覆了一封非常友善的拒絕信，建議我把文章寄去給英國園藝雜誌《霍圖斯》（Hortus）的大衛·威勒（David Wheeler），時至今日，我依然會在該雜誌中發表文章。過了將近 20 年後，轉至原木出版社

（Timber Press）工作的湯姆和他的同事安德魯·貝克曼（Andrew Beckman）提議要編輯本書的修訂版。

　　生命中無論任何事情，有機會能重來一遍都是非常棒的一件事，書本也是如此。本書的初版早已絕版，熟悉初版的人將會發現修訂版從頭到尾都有許多新素材與彩圖。初版發行後，我進行了重新編修的多方研究與調查，如今自然有許多修正與改良。

　　這次的新版本經過了重新整頓：前半段聚焦於艾蜜莉·狄金生身為園丁的生活，同時介紹了她的花園在一年之中會有哪些轉變。後半段則以訪客指南的方式，介紹了狄金生的花園景致，其中也包含了近 20 年來經歷了許多重大變化的狄金生博物館。我希望各位有機會能造訪或再訪那裡；若造訪時，博物館正好在舉辦花園週末的話，說不定你可以到花園來和我一起做點園藝工作。如果你想要種植一座屬於你自己的詩人花園，本書也提供了植物註解表。

　　在開始之前，請讓我解釋一下本書的拼字、文法與標點符號。你將在本書中讀到許多來自信件中的詩與引述，這些文字來自兩位哈佛學者的編輯版本：詩的編號是採用拉弗·富蘭克林（Ralph W. Franklin）的編輯，詩末的數字便是來自他的版本；而書信是引用湯馬士·江森（Tomas H. Johnson）的編輯版本，他謹慎地辨認狄金生的手稿，釐清她原本使用哪些文字，直接從她的筆下抄寫字詞。如果標點符號有些奇特，又或者拼字不太尋常，那是因為她就是這麼寫的，還望讀者周知。

　　好了，出發吧！我們要再次啟程囉！

前言

用園丁的身分，重新認識艾蜜莉 · 狄金生

🌿 唯一一張經過鑑定確認是艾蜜莉·狄金生的照片，約於 1847 年拍攝。

艾蜜莉 · 狄金生是一位園丁。

當你聽見「艾蜜莉 · 狄金生」這個名字時，腦海中出現的可能會是一件白色洋裝，或者一名 16 歲少女無畏地直視著你的知名銀版相片。另外理所當然的，你也會想到詩作，但你可能不會想到園藝。

身為園丁的艾蜜莉 · 狄金生並不符合狄金生神話。許多傳說都立

✿ 艾蜜莉・狄金生花園中的雛菊。

基於她晚年出現的恐懼症，以及她第一本作品的責任編輯，梅波・魯米斯・陶德（Mabel Loomis Todd）為了促銷而做的渲染宣傳。自她在1886年過世後，人們曾對她進行精神分析、拿她和中世紀在修道院隱居的神祕主義者做比較，還稱她為「閣樓裡的瘋女人」；她只差一座修道院了。

　　除了文學上的傳奇成就外，她還是一個熱愛家庭的人，她與家人們建立了深刻友誼，一起愉悅地消磨時間。她和她的父母與手足一樣都熱愛植物。她會送花束給朋友、送壓花給無數同她魚雁往返的人；事實上，後人共找到一千多封她寫的信。

　　狄金生蒐集野花，並和她的狗卡羅一起散步。她在安默斯特書院（Amherst Academy）和聖枷山學院（Mount Holyoke）修習植物學。她負責照顧與屋子前方連接著的一個小型玻璃溫室，以及房子外東側斜

坡上的一個長條狀花園。在冬天，她用熱氣加快風信子花苗的成長；在夏天，她蹲在花圃的紅色地毯中，實行園藝學中人盡皆知的儀式。

本書將以時節的方式推進，隨著四季的腳步前行。歡迎來到艾蜜莉‧狄金生的園藝之年。

回答吧七月
哪裡有蜜蜂－
哪裡有嫣紅－
哪裡有乾草？

啊，七月說－
哪裡有種子－
哪裡有花苞－
哪裡有五月－
回答吧你－告訴我－

不－五月說－
示我以白雪－
示我以鐘聲－
示我以藍松鴉！

藍松鴉嘰喳說－
哪裡有玉米－
哪裡有薄霧－
哪裡有芒刺？
年說－這裡－

——F# 667, 1863

Part 1

四季更迭，
詩人的生命遞嬗
The Turning
of the Year

Early Spring

— 初春 —

園丁的家與家人

　　若你從安默斯特（Amherst）鎮中心走一小段路，抵達了狄金生家宅的正前方的話；你必須運用一些想像力——也就是狄金生所謂的「遐想」（reverie）——才能喚出 1880 年代中期艾蜜莉‧狄金生眼中所看到的景觀。

　　想像一下：主街是一條沒有鋪面的道路。如今的人行道、電線桿、停車號誌和消防栓都將消失無蹤，也不會有告示牌宣稱這棟房子和周遭地區，是觀光客與文學朝聖者的目的地；將汽車引擎與輪胎的嗡鳴聲，還原成達達馬蹄聲與馬具撞擊的脆響。若道路上鋪滿雪花，就再加上雪橇的鈴聲。深吸一口氣，仔細感覺——如果天氣溫暖你將會更明顯地感受到——泥土與動物的氣味。

　　280 號地產與主街之間有兩道隔閡：為了搭配屋子而漆成赭色的別緻矩型圍欄，以及一排經過修剪、終年長青的鐵杉樹籬。你從街上的車轍痕往前跨了幾步，來到前門柵欄，往南望。形形色色的房屋與商業建築都消失了，舉目望去是一整片經過修剪的草莖，每年夏天它們都會再次長高，證明自己名副其實：這裡是狄金生家宅的牧草原。再往更遠處

VIEW OF AMHERST, MASS.

PUBLISHED BY JOHN BACHELDER.

🌿 自安默斯特學院的山丘看向安默斯特市鎮，約 1857 年繪製。

眺望，安默斯特學院（Amherst College）將清楚地映在你眼底。

　　圍欄和樹籬後面是一棟上了漆的磚造房屋，看起來氣勢雄偉。這棟被稱作「家宅」的建築位於緩坡上。馬車要從緩坡西側繞一個小圈進入。沿著車道林立的小樹林在夏日替這棟房子擋下炎熱的風，而在冬日則擋下極寒的氣流。如果你來到這裡時，狄金生已踏入人生的後半段，你將會注意到艾蜜莉的父親愛德華·狄金生（Edward Dickinson）在隔壁為艾蜜莉的哥哥奧斯丁（Austin）和奧斯丁的妻子蘇珊（Susan）蓋了一棟房子。

　　艾蜜莉只要從臥房的窗戶往外看，就能看見連接著兩棟房子的小徑，還能看見她的姪子、姪女與鄰居的孩子們，在奧斯丁家養護得宜的草皮上玩耍。夏季時小徑邊緣會長滿「蘇珊嫂嫂」種的蜀葵。

🦋 位於麻州安默斯特主街的狄金生家宅。

家宅後面是大型馬車房和穀倉，占據了整個家宅的後半部，幾株大樹提供了庇蔭。住在這裡的有馬、乳牛、雞和豬，牠們用運輸、牛奶與肉供養狄金生一家人。狄金生太太在穀倉其中一側的前方，種植曾得過獎的無花果，還有幾株攀爬在藤架上的葡萄。沿著斜坡往下走，是一座產量豐富的果園：有蘋果、梨子和櫻桃。

🦋 常青之屋。艾蜜莉·狄金生的哥哥、嫂嫂和三個孩子的家。

越過穀倉，最後你會在房子的東側看到艾蜜莉·狄金生的花園。厚重花崗石板鋪設成的一條小路順著緩坡橫越草坪，小路兩側是果樹和花圃；鈴蘭如毛毯般圍繞在花圃邊緣，芬芳了春天；芍藥樹叢是負責在 5 月演出的主角；藤架上的金銀花使空氣沾染上甜香；攀附在涼亭上的玫瑰靜候著 6 月的指示。接續著眾多春

✿《菫菜》（*Violet*），克萊麗莎・孟格・貝嘉
（Clarissa Munger Badger）繪製，出自艾蜜莉・
狄金生所擁有的書中。

花、風信子與水仙的，是種類豐富的一年生植物與多年生植物：豌豆、金蓮花、百合和萬壽菊等族繁不及備載。狄金生的姪女瑪蒂將之描述為「曲折延伸的大量繁花」。

打開客廳的對外玻璃門，外面是面向家宅西側的義式露天門廊（piazza）。現今我們稱之為露天陽台（deck），不過當時的人認為這種陽台充滿義大利風情，十分浪漫。入夏後，這裡會擺上盛開的花朵如夾竹桃和石榴等植物；這些植物都種在盆栽裡，因為若到了冬日還把它們留在戶外，麻州的氣候會使它們枯萎。

狄金生姊妹艾蜜莉與維妮（Vinnie），想必會在天氣晴朗時坐在義式露天門廊休憩。她們會在這裡盡情享受園丁最棒的獎賞——那就是在辛勤工作後欣賞自己的成果，這是非常難得的珍貴時光，就像《欽定本聖經》（*King James Bible*）描述的造物主之第七天。

一座花園只會存在於一個地方。艾蜜莉・狄金生的花園存在於馬薩諸塞州安默斯特。最先出現在這片土地上的人：波科圖克人（Pocomtuc）、瓦帕挪格人（Wampanoag）、馬希坎司人（Mahicans），在 1600 年代遇到了當時正在探索佛瑞許河（Fresh River，荷蘭人把這條河稱做康乃狄克〔Connecticut〕）廣大流域的歐洲毛皮商人。如今，廣為人知的學院城鎮安默斯特是 1700 年代中期由農業殖民者建立而成的，他們很喜歡先驅谷（Pioneer Valley）的沖積土壤。「先驅谷」這個名字對這裡來說真是再適合不過了。艾蜜莉曾跟他哥哥說過，安默斯特「真的有點像伊甸園」。

在這裡成長茁壯的除了植物之外，還有詩作。安默斯特位於康乃狄克河東側的一片肥沃土地上，距離濱海的波士頓 80 英里。19 世紀時，

這裡舉目所及皆是山丘與溪流、野花與草原。

　　人們在這片草原上耕種。而狄金生的安默斯特是一個定期舉行市集的城鎮，她的許多鄰居都是農人。這裡的每個人，包括她父親這樣的紳士，全都有工具能在花園種植果樹與蔬菜，豐富他們夏日的桌上餐點與冬日的食物櫥櫃。狄金生在她出版的第一首詩（一首情詩）中寫道：

放下蘋果吧亞當
跟我一起離去
如此一來你才會拿到
從我父親樹上掉落的漂亮蘋果！

——F# 2A, 1852

🌿 家宅景觀的概念地圖。依據艾蜜莉・狄金生的描述與親友回憶所繪製。

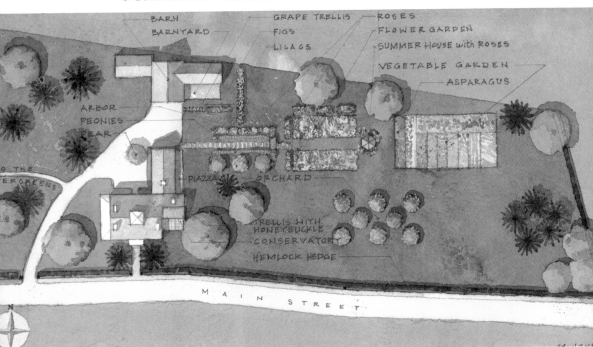

1813 年，愛德華的父親山謬爾·福勒·狄金生（Samuel Fowler Dickinson）建造了聯邦風格的狄金生家宅，這棟房子是艾蜜莉的世界軸心。她在樓上的其中一間臥室出生，55 年的人生中有 40 年都住在這裡，在這裡從事園藝，最後也在這裡死亡。然而，在她的祖父為了成立新學校安默斯特學院而借貸太多錢，並因此破產時，這棟房子曾暫時落入外人手中。1840 年時，艾蜜莉 9 歲，愛德華·狄金生和妻子艾蜜莉·諾可羅斯（Emily Norcross）帶著三個孩子搬到北普萊森街（North Pleasant Street），住進一間寬敞的白色板牆式房屋中；那間房子，在 1920 年代被拆毀了。

　　愛德華和他父親一樣成為著名律師，此外，他還是安默斯特學院的財務主任，並在 1850 年代買回了狄金生家宅。這份家宅包括了房子與穀倉周遭 2.5 英畝的土地，以及道路對面一片十分寬闊的土地。從愛德華·狄金生重新擴建家宅這件事，就能看出他當時有多成功。他請人替房子外牆的紅磚上了一層淡黃赭色的漆。此外，他跟其他出色的維多利亞時代的人們一樣，為了培養與展示植物而加蓋了一間小溫室。

　　愛德華·狄金生年輕時也種過樹，他對家庭菜園特別感興趣。「這裡的草莓多不勝數，」他在寫給未來的妻子艾蜜莉·諾可羅斯的信中提到，「櫻桃和醋栗也快成熟了。整個蔬菜王國都展現出了美麗的風貌。」後來他也為女兒的花園跑腿過幾次。「叫……爸爸拿一些石竹來。」艾蜜莉在 1859 年要求道。

　　艾蜜莉·諾可羅斯也是園丁。她的大女兒描述她常忙著應付「水果、植物和雞，還忙著同情朋友，真是太忙了，忙到她幾乎不知道該如何是好。」她是一位手藝精湛的廚師，也是家庭主婦，她用花園裡的花朵點綴環境：剪斷花莖後把花插在花瓶裡，放在家中各處。她把對於園藝的熱愛傳授給她的孩子們。艾蜜莉·狄金生曾告訴一位朋友：「如你

🌿 艾蜜莉・狄金生的父親愛德華，1840年代由歐提斯・布爾拉德（Otis T. Bullard）所繪製。

🌿 艾蜜莉・諾可羅斯・狄金生。詩人的同名母親。

所知，我是在花園裡被養大的。」

艾蜜莉是次子，她出生於 1830 年。她在長子威廉・奧斯丁出生的一年半後降臨世間。狄金生家的么女拉維妮亞（Lavinia）則出生於 1833 年。他們三兄妹：艾蜜莉、奧斯丁和維妮，都同樣熱愛植物，且彼此關係緊密，這一生都一起在狄金生家宅中生活。

奧斯丁跟父親一樣十分擅長栽植樹木。他青少年時期就在家附近種了一小座北美喬松樹林。狄金生會把樹木的進度回報給當時遠在學校的哥哥。「今天早上我們全都過去了，那些樹看起來好美。」她寫道。「大家都在成長，西風吹來時，喬松會舉起它們輕巧的葉子，發出甜美的樂聲。」如果你靜靜站在一棵松樹底下，等待一陣風吹來，你就會聽到針葉——它輕巧的葉子——在輕聲說話；彷彿呢喃聲。

維妮是姊姊一輩子的同伴。在艾蜜莉・狄金生隱居的那幾年，維

🌱 艾蜜莉、奧斯丁和拉維妮亞，三人分別是 9 歲、10 歲與 7 歲。

妮負責打點外面的世界。另外，她也是一名園丁，根據各種文獻的描述，她擅長的是打造花圃的邊緣植被，並使攀藤植物往特定方向生長。而且她不害怕挖土；艾蜜莉曾說她在花園裡「翻挖下層土」。在姊姊死後，是拉維妮亞·狄金生發現了被收藏起來的詩稿，也是她堅持要把這些詩作出版，才使全世界得以認識了狄金生。

在艾蜜莉與手足的畫像中，當時 9 歲的艾蜜莉留著一頭紅髮，臉上掛著溫柔微笑。雖然在這幅肖像畫中，他們三人的動作看起來都有那個時期十分典型的僵硬感，但畫家卻讓年幼的艾蜜莉·狄金生拿著一本書和一枝粉色玫瑰。在花語中，粉色玫瑰代表甜美與純真，是那個年代的人們期許孩子所擁有的特質。我想，那位畫家當時還不知道，狄金生的話語將會流芳後世。

艾蜜莉·狄金生花園的初春

「*沒有更多雪了！*」——F# 30, 1858

白晝逐漸拉長，向春分邁進。雖然偶爾還是有東北季風從大西洋海岸呼嘯而來，伸長逆時針轉動的氣旋，往新英格蘭中部投擲雪花，但

那都只是生命短暫的春雪。艾蜜莉花園裡的白雪徐徐消退。她在一個晴朗的五月天觀察到「母親四處漫遊，回來時用斗蓬裹著一支牛蒡，因此我們知道地上的雪已消逝。諾亞一定會喜歡母親。」（不過諾亞方舟的鴿子在洪水退去後，帶回去的是橄欖葉。）

隨著地面逐漸解凍、草坪變得翠綠，裸露的地面也慢慢液化。1857年暮冬，《安默斯特紀錄》（*Amherst Record*）的一位編輯描述道：

> 如今萬物都表現出初春的徵兆：沒有半片積雪，但處處都是泥濘，而我們左鄰右舍在釀造糖蜜的朋友們，正努力改善這個夜晚充滿霜凍、白晝處處消融的季節。他們蒐集甜膩的楓樹汁液，無須我們動筆幫忙火上加油，就能熬出糖蜜。

對年幼的艾蜜莉來說，暮冬的一大樂事就是和朋友走一小段距離去當地「熬糖」的糖屋，看著一大桶樹液汩汩冒泡；新鮮楓糖漿是這個季節的樂趣。

她把 3 月稱做「宣告之月」。在艾蜜莉的花園內，花苞在枝椏上膨大，奮力擠進更漫長、更溫暖的白晝。鳴鳥對著樹木施展魔法。在麻州的冬季中，植物放慢代謝速度後陷入休眠，如今它們正甦醒過來。每一年，最先為了她盛開的都是小小球根上的花朵。最早開花的球根、球莖和塊莖結下種子，在暮冬與春天製造足夠的營養儲存起來，接著，便遁入地底休息，在這年剩下的時間都不會再出現。

亮眼的是她的軟帽－
亮眼的是她的雙頰－
亮眼的是她的外衣－

但她不能說話！

最好能如同雛菊
在夏季的丘陵
消逝也無人知曉
除了垂淚的小溪－

除了可愛的日出
尋找她的臉龐。
除了無數腳步
停留在這裡。

——F# 106B, 1859

　　除了球狀莖一族之外，能在艾蜜莉的花園中開滿一地的還有另一種花，那就是三色菫。她種植的其中一個品種是 Viola tricolor，這種三色菫因為會出現在意想不到的地方（例如：晚餐的餐桌上）因此又被稱做「跳出來的約翰」（Johnny-jump-ups）。三色菫是可食用的花，所以可以加在沙拉、冰塊和蛋糕裡當作可愛的點綴，使食物變得更好看。

　　艾蜜莉在烤薑餅時，偶爾也會用三色菫裝飾薑餅光亮的表面。它們和這個季節的其他花朵一樣，體積嬌小。

　　三色菫只適合特定氣候。狄金生曾在寫給朋友的信中提到：「三色菫易變，這是它唯一的痛苦。」它在寒冷的天氣中成長、在炎熱的溫度中枯萎。她蒐集三色菫做成春天的花束，並寫下了這首詩作為搭配：

我是小小的「心安花」！
我不喜歡陰沉的天氣！
如果蝴蝶遲到了

艾蜜莉・狄金生的「春季球根」選集

鈴蘭水仙（Galanthus nivalis）

　　鈴蘭水仙是春季報信者中的領路人，它們用低垂的鐘型花朵宣告春天的到來。每朵花都有綠色鑲邊的三片內花瓣和向下優雅傾斜的三片外花瓣。此外，，它們味道甜美，花期長。

　　鈴蘭水仙的另一個優點是每年都會巧妙地擴張地盤，用白色小花覆蓋整片地面。有時你會不禁覺得它們似乎正在移動。

🌱 鈴蘭水仙在「守時的白雪」中繁衍開花。

　　新的腳步在我的花園移動－
　　新的手指觸動土壤－
　　吟遊詩人倚靠榆樹
　　流露出孤獨。

　　新的孩子在綠地上玩耍－
　　新的困倦沉睡其下－
　　而沉鬱的春天依然歸來－
　　守時的白雪也相同！

　　　　　　　　——F# 79, 1859

番紅花（Crocus sativus）

　　狄金生把番紅花稱做雪的「僕從」。番紅花屬於鳶尾科，花朵是杯型。由於它開花的時間接近聖瓦倫丁（St. Valentine）的紀念日，因此在傳統文化中，人們會把這種花獻給聖瓦倫丁。金線番紅花是從 16 世紀開始培育的花種。除了金線番紅花之外，艾蜜莉種植過的早期番紅花品種，可能還包括了「托馬西尼番紅花」（Crocus tommasinianus）。托馬西尼番紅花在1840年代被引入園藝貿易，花朵是由淺至深的丁香紫色。

　　番紅花是球莖植物，發芽位置是塊狀地下莖的頂端。這種植物適合在秋天種植於排水良好的土壤中，接著於初春就能開花。屆時花朵會像是站得直挺挺的士兵般，從霜凍的

🌱 一朵番紅花「軍人」向白晝致敬。

土地中冒出來。為此，狄金生也替番紅花取了「軍人」的綽號。而在開過花之後，它們會連花帶葉，一起消失。

風信子（Hyacinthus orientalis）

　　緊接在番紅花之後的，是生長密集、氣味芬芳的風信子。狄金生記得她曾在「風信子時節」見到一位朋友。事實上，園丁辨別時間的方法，經常是開花的季節而非日曆，十分有趣。

　　在描述她收到的球根禮物時她寫道：「在維妮的聖徒花園中，白雪會引導風信子前往它們的伴侶沉睡之處。」有些人可能會很驚奇，拉維妮亞的花園，或準確的說是拉維妮亞的花圃，為什麼會被冠上聖徒的稱號？無論如何，就植物學上來說，艾蜜莉的描述十分準確。風信子的球根是具有收縮根（contractile roots）的地下莖結構，

❀ 在「風信子時節」盛開的花。

這種特化的根，可以把球根拉到更深的地底。至於有沒有雪的引導，這一點還有待商榷。

鬱金香（Tulipa）

　　在狄金生另一首早期的詩作中，她用女學生謎題的形式描述一位園丁，拯救了一個陷入沉睡並被遺忘的球根。由於詩中的花朵在醒來時身穿紅衣，再加上春天開紅花的球根植物又數量不多，因此詩作的主題有可能就是鬱金香：

> 她在樹下沉睡－
> 唯有我記得。
> 我輕撫她靜默的搖籃－
> 她認出我的腳步－
> 穿上鮮紅外衣
> 看啊！
> ——F# 15, 1858

❀ 有些鬱金香穿著洋紅色的衣裳。

我能否因此迴避？

如果膽小的熊蜂
待在屬於他的煙囪角落，
我啊，必須堅定！
誰會為我辯說？

親愛的－古老的、小小的花！
伊甸也一樣古老！
鳥是舊時的同伴！
天國不會改變她的湛藍。
我也一樣，我這個小小的心安花－
永遠不會因引誘而改變！

—F# 167, 1860

三色菫的英文名字「pansy」來字法文，意思是「思考」。三色菫的花朵看起來像是深思中的臉龐，在邀請人進入冥想。或許，這也是為什麼三色菫的別名會是「心安花」的原因。

隨著春季推進，土壤逐漸變暖，更多多年生植物嶄露頭角，從土壤內推擠著萌芽。花園裡的另一種植物就是芍藥——許許多多的芍藥。奧斯丁和蘇珊的女兒瑪莎（Martha）——綽號瑪蒂（Mattie），後來回憶道，當時有「一排排芍藥樹叢」。

❧ 三色菫，或稱心安花。

12 歲的艾蜜莉曾把芍藥拿來和馬廄工的年輕兒子的潮紅臉龐，互相比較。「告訴維妮我找到了三個剛從土裡冒出來的芍

藥鼻，看起來和薩米‧馬修（Sammie Matthews）的鼻子一樣紅。」（芍藥破土而出時的酒紅色幼芽，看起來和鼻子驚人地相似。）由此可見，艾蜜莉‧狄金生就算在青春期也能明智地使用隱喻。

接著，隨著土地越來越溫熱，小小球根的養分逐漸被用完，多年生植物長出葉子，做好準備要迎接仲春的登場。

艾蜜莉經常向朋友們分享，她從自家花園和較遠的田野中蒐集來的林林總總春季植物。她寄貓柳給朋友，並附上一張紙條寫道：「這是大自然的銀黃色信件——她把信留在安默斯特給你。她沒有時間拜訪。」

美國貓柳（Salix discolor）是新英格蘭潮濕、多日照的中北地區的原生物種，它最為人稱道的是其新萌生、外表毛絨的柔荑花序。貓柳是活力充沛的小樹，也可以說是大型的灌木；或小或大，取決於觀看者的角度。

艾蜜莉也會在信件中附上壓花。在寫給一位同儕詩人的短箋中，她附了上藍鈴花。「藍鈴花」（Bluebell）這個俗名指的可能是各種植物，其中包括了球根植物英國藍鈴花（Hyacinthoides non-scripta），和春季植物維吉尼亞藍鈴花（Mertensia virginica）。由於該信件的寄出日期是4月初，而安默斯特的英國藍鈴花通常要直到暮春才會開花，因此，她附上的較有可能是維吉尼亞藍鈴花。狄金生想必很喜歡維吉尼亞藍鈴花，這種植物在3月時展開煥亮的藍綠色葉片，而在4月時輕輕晃動盛開的藍色花串，接著散布種子後在6月消失；就像她的詩一樣，令人驚艷又簡明扼要。

🌸「我是小小的『心安花』！」

May 6. 1899.
Mr R.
Hort. Soc.

Borraginaceae
Mertensia . Lungwort
Link:
M. Virginica, DC. Virginia cowslip . L

維吉尼亞藍鈴花，麻州植物學藝術家海倫‧夏普
（Helen Sharp）繪製。

🌿 狄金生的一位朋友在打開信封時，發現了這些壓乾的三色菫。她在附上的一首詩中把三色菫稱做「錦緞貨幣」，以類似預付的方式用一簇簇花瓣支付許多文字段落。

隨著白晝逐漸拉長，艾蜜莉‧狄金生拿起她的鍰刀，於更早的時間起床、於更晚的時間回家。她也提筆慶祝逐漸改變的季節律動：

有一種光存在於春天
不會在一年的
其他時節出現－
當三月剛剛抵達
有一種色彩四處散播
於孤獨的原野
科學家追趕不上
但人性可以體會。

它在草坪上等待，
它展現最遙遠的樹
於你所知道最遙遠的斜坡上
它幾乎對你說了話。

而後隨著地平線離開
或正午宣布遠離
用一種無聲的方式
它消逝而我們留下－

一種失去的性質
影響著我們知足的思緒
宛如商業貿易突然入侵
一場神聖儀式－
──F# 962, 1865

初春是欣賞的季節。

Late Spring

— 暮春 —

園丁的教育

　　一天早上，艾蜜莉的
母親收到城鎮另一頭的鄰居
黛博拉‧費斯克（Deborah
Fiske）的短箋。費斯克太太
寫道：「費斯克教授要帶海
倫（Helen）過去找艾蜜莉，
讓她們今天下午在山梅花
（syringa）下玩樂。為免屆
時您不方便送她回家，他會
在入夜的露珠落下之前派輕

🌱 年輕艾蜜莉‧狄金生的剪影，1845 年。

便馬車過去接她。」兩個女孩在當時被稱做山梅花的擬柳橙樹叢（mock
orange）下玩耍。這兩個女孩（當時她們兩人都 5 歲）之間的關係，後
來遠比普通的兒時玩伴還要深遠。海倫‧費斯克長大後變成了海倫‧霍
特‧傑克森（Helen Hunt Jackson），她是一位作家，也是少數辨別出
狄金生長大後的詩作具有重大影響的人。我們稍後再詳述此事。

海倫和艾蜜莉在 1836 年的那天，有沒有一起在泥濘中遊戲呢？艾蜜莉‧伊莉莎白‧狄金生不是個完美的小孩，她偶爾也會被父母責罵。除了儀態風度外，她在面對大自然時也像一般小孩一樣，既敬畏又喜悅；許多人長大後便失去了這種特質，但她始終如一。還是個小女孩時，她會在四處散步後喜上眉梢地回到家，不過常常滿身髒汙。狄金生在成年後寫道：「我總是很喜歡泥濘。」

　　她回憶道：「童年消失時，有另外兩個東西也跟著消失了，一是在泥濘裡掉了鞋子後光腳走回家的狂喜感，二是涉水去摘紅花六倍利（Cardinal flowers）後被母親責罵。她罵我有大半原因是為了我好而不是她自己怕累，因為她總是一邊皺眉一邊微笑。」狄金生家旁有一條小溪，穿越了他們家的牧草原與附近的田野，等著人們涉水而過。深紅色的紅花六倍利會在潮溼的土壤中，盛開綻放。

　　年輕的艾蜜莉在春日下午踩著泥濘，涉水過溪後，可能會拿出最新一期的兒童季刊《對談》（Parley's）開始閱讀。這是她父親買給三個孩子一起讀的。《對談》經常刊登園藝詩作、故事和裝飾畫（embellishment）──也就是我們現在所說的插畫。「親愛的小小孩們，」愛德華寫道，「我寄了幾本《對談》雜誌給你們，這些雜誌上有許多有趣的故事可以讀。我希望你們能記住幾個故事，等我回家時說給我聽。」1839 年的其中一期《對談》刊登了一首詩〈風鈴草，或圓葉風鈴草〉（The Harebell, or Campanula Rotundifolia），作者是瑪莉‧豪威特小姐（Miss Mary Howitt）。風鈴草是一種於安默斯特常見的藍色花朵，也將會是狄金生未來許多詩作的主題。

　　艾蜜莉在 9 歲以前和家人一起占據了狄金生家宅的一半空間，和

Amherst Academy and Parsoni House

🌿 上圖：狄金生一家人在北普萊森街居住與從事園藝 14 年。

🌿 左圖：安默斯特書院（Amherst Academy）；艾蜜莉在此初次學習植物學。

她的祖父母一起住，接著，在她的祖父破產後，他們一家人成為了新房東麥克一家人的房客。1840 年，愛德華‧狄金生成立了律師事務所後，終於能買得起自己的房子了。他們搬到北普萊森街上的一棟房子裡，和艾蜜莉出生的地點只相隔幾個街區。他們在那裡住到 1855 年。

　　該土地上的建築已在數十年前被拆毀了。當時，那棟房子的旁邊是至今依然存在的西區墓園。從唯一保留至今的一張照片中能看出，那是一棟舒適的房屋，有一個大陽台，前方種了幾株果樹。在 1842 年 5 月，艾蜜莉寫信給奧斯丁說雖然花園還沒動工（意思是他們還沒種植一年生的花和蔬菜），不過葡萄藤架和網格爬架都已經上好漆了，此外，「我們的樹全都開滿了花──它們看起來美極了。」

　　水果樹顯然表現得很好，庭院裡也一定至少有一個葡萄棚。某年 9 月，地方報紙報導道：「安默斯特的愛德華‧狄金生先生送了一個籃子，裡面裝了美味的梨子和各式各樣的其他水果……愛德華‧狄金生先生的籃子裡有兩種〔葡萄〕。」

　　艾蜜莉從小就是個天生的說故事高手，她個性聰明伶俐又淘氣。她在寫給表親的一封信裡描述莉比嬸嬸（Aunt Libbie）時，把花園當作家庭喜劇的出發點。「我恐怕必須說，樹木在聽見她踩著靴子走來的腳步聲時都會站得直挺挺的，還會把樹上的水果收起來，改成長餐具。」伊莉莎白‧狄金生‧克瑞爾（Elizabeth Dickinson Currier）一定是個十分嚴謹的人，因為她的姪女最後總結說：「她還沒把天竺葵給熨燙平整，但她之後一定會找到時間那麼做。」

　　奧斯丁和父親一樣對於改善新住處深感興趣。春天時，他在房子附近種下了一株新樹苗。他很擔心樹苗的狀況。「我好好照顧那棵樹了，」她的妹妹在他離家時向他回報，「每天都澆一桶水，它絕對變得更粗壯了一點，我們都覺得它能活下來。」

他們住在北普萊森街時，艾蜜莉到當地學校去學習英文與數學。她和鄰居的其他孩子一起走路上學：在秋天踢落葉、在春天追逐花瓣，在寒冷的冬日早晨，則會在口袋裡放一顆熱馬鈴薯保持手指溫暖。她的父母和祖父母都認為孩子應該接受較高等的教育，無論男女都一樣。奧斯丁離家去了北漢普頓（Northampton）的威利斯頓神學院（Williston Seminary）就讀寄宿學校。艾蜜莉在讀完小學後繼續住在家裡，到亞米堤街（Amity Street）的安默斯特書院上學。

艾蜜莉・狄金生在安默斯特書院，初次學到了正式的植物課程。她熱情地向朋友珍・亨佛瑞（Jane Humphrey）描述了課程內容。「除了拉丁語之外，我還學了歷史和植物學，我真的很喜歡學校。」她補充道：「我的植物都長得很美。」

學校也提供校內學生不同的教育機會，讓他們隨之成長。他們會參加安默斯特學院舉辦的講座課程。學院院長愛德華・希區考克（Edward Hitchcock）和同事們開設的講座課程含括各種自然歷史的主題，其中也包涵了植物學與地質學。一位作者在 1835 年記錄道：「我們發現讓女孩們參加這些她們能夠理解的講座，是一種行之有年的慣例，而且……這麼做並沒有帶來任何可觀察到的負面影響。」

狄金生家和希區考克家的社會階級相同。維妮最好的朋友就是希區考克家的么女珍（Jane）。她們結伴一起散步、購物、參加讀書會和派對。愛德華二世（Edward Jr.）和奧斯丁是一輩子的好友。除了講座、教學與學院管理外，希區考克博士還會在週日的禮拜上講道並寫書。

「我還是個孩子時，每年看到花朵死去，」狄金生回憶道，「我就會閱讀希區考克博士寫的一本有關北美花朵的書。那本書讓我在花

Fig. 71. 2d. *Funnel-form*, (*infundibuliformis*, from *infundibulum*, a funnel;) having a tubular base, and a border opening in the form of a funnel, as the Morning-glory, Fig. 71.

Fig. 72. 3d. *Cup-shaped*, (*Cyathiformis*, from *cyathus*, a drinking-cup;) differing from funnel-shaped, in having its tube, and border, less spreading; and from bell-form, in not having its tube appear as if scooped at out the base, Fig. 72.

Fig. 73. 4th. *Salver-form*, (*hypocrateriformis*, from the Greek *krater*, an ancient drinking glass called a *salver*;) this has a flat, spreading border, proceeding from the top of a tube, Fig. 73.

Fig. 74. 5th. *Wheel-form*, (*rotate*, from *rota*, a wheel;) having a short border without any tube or with a very short one, Fig. 74. This kind of corolla may be seen in the mullein.

6th. *Labiate*, (from *labia*, lips;) consists of two parts, resembling the lips of a horse, or other animal. Labiate corollas are said to be *personate*,* having the throat closed, or *ringent*,† with the throat open. You have a labiate corolla of the ringent kind, at Fig. 75. The term labiate is also applied to a calyx of two lips. *Bi-labiate* is sometimes used in the same sense as labiate.

Fig. 75.

Different forms of Polypetalous Corollas.

1st. *Cruciform*, (from *crux*, a cross;) consisting of four petals of equal size, spreading out in the form of a cross, as the radish, cabbage, &c. Fig. 76.

2d. *Caryophyllous*, having five single petals, each terminating in a long claw, enclosed in a tubular calyx, as the pink, Fig. 77.

Fig. 76.

Fig. 77.

3d. *Liliaceous*, a corolla with six petals, spreading gradually from the base, so as to exhibit a bell-form appearance, as in the tulip and lily.

4th. *Rosaceous*, a corolla formed of roundish spreading petals, without claws, or with very short ones, as the rose and apple.

* From *persona*, a mask.
† From *ringo*, to grin, or gape.

Labiate corollas, how divided ?—Forms of polypetalous corollas:—Cruciform—Caryophyllous—Liliaceous—Rosaceous.

Funnel-form—Cup-shaped---Salver-form—Wheel-form.

🌿 在艾蜜莉使用的書籍《植物學通用授課》中，「花冠」被描述爲「花朵中以顏色之鮮明、質地之脆弱與氣味之香甜而著名的部位」。

朵消失時感到安慰；讓我知道它們曾經活過。」她在 1861 年 9 月號的《大西洋月刊》中讀到一篇文章〈我的戶外研究〉（*My Out-Door Study*），使她回想起兒時記憶。

那篇文章的作者湯姆士·溫特沃斯·希根森（Thomas Wentworth Higginson，稍後會進一步介紹他）在文章中聲稱「目前為止，就算是最枯燥、最貧瘠的自然歷史書籍，只要能真誠地呈現出作者理解的知識，那麼那本書就是充滿養分的好書。在研讀希區考克的描述時，若你身處 1 月，那麼你將能在麻州植物與生物的拉丁語目錄中找到夏天。」狄金生看到「身處一月……時找到夏天」這段話時，想起了愛德華·希區考克的書。植物的季節循環：它們的生長、死亡與復活──成為了狄金生詩作中的常見意象。

安默斯特書院為艾蜜莉帶來了另一本植物學書籍。她的自然課使用的是愛爾米拉·林肯（Almira Lincoln）的教科書《植物學通用授課》（*Familiar Lectures on Botany*），這本書廣受歡迎，在 10 年內出過 9 個

版本。當時社會認為分析植物是適合女性的文雅工作。如果你打開了這本艾蜜莉也曾翻閱過的棕色小書，你會看到林肯太太在引言中寫道：「植物學研究似乎特別適合女性；這門學問的研究對象既美麗又精緻；探討此學科使人前往開闊的空間活動，對健康與精神都有助益。」

艾蜜莉·狄金生的確在開闊的空間研究了許多美麗又精緻的花朵。她在生活中與詩作中探討植物學，並如此描寫科學步驟：

我從樹林裡摘起一朵花－
拿著玻璃的怪獸
在傾刻間數算雄蕊－
把她分進「綱」裡！
　　　——F# 117, 1859

她用放大鏡計算雄蕊，也就是花朵中能長出花粉吸引鳥、蜜蜂與植物學家的雄性部位。算清楚後，花朵會被帶去班級（class）上，也就是教室，也會被分類在綱（class）裡，也就是當時使用的林奈（Linnaean）分類系統。

除了植物的分類學之外，狄金生也深耕苦讀植物學相關詞彙。林肯太太的其中一堂演講課叫做「花萼（Calyx）與花冠（Corolla）」，在狄金生的詩中，這兩個字都曾出現過。花朵綻放，飄散出芬芳。

明麗的花朵撕裂花萼
沿著莖向上竄升
如同受阻礙的旗幟－甜美地升起－
伴隨香氣－在縫隙裡－
　　　——擷取自 F# 523, 1863

🌿 帶有穗邊的流蘇龍膽花「花冠乾涸」，出自貝嘉
女士的書《大自然野花繪圖與上色》（*Wildflowers
Drawn and Colored from Nature*）。

「花萼」是覆蓋在花朵之外的部位，會像鱗片一樣保護花苞。所以當花苞綻放、花朵盛開時，花萼就會裂開。後來在描述盛放藍色流蘇龍膽花的花瓣，也就是「花冠」時，她寫道：

龍膽花的花冠乾涸－
就像乾燥的蔚藍顏料
這是大自然的輕快活力
更加昇華－
無須吹噓或發光
和雨一樣漫不經心
一樣無害－

當大多數花已經凋謝了－就在這個時候它來了－
似乎不是單獨來的－
它的合夥就是它的朋友－
為了填補它帶有緣飾的生涯
替逐漸老去的年華增添
豐足的結局－
　　　　　　——F# 1458, 1877

除了研讀植物學外，艾蜜莉也開始蒐集花朵，製造植物標本冊，蒐集壓制的乾燥植物。這是當時十分流行的一種嗜好，一部分的原因是 19 世紀的折衷主義和啟蒙運動使人們對科學產生了持久的興趣。14 歲的艾蜜莉寫信給她的朋友愛比亞・魯特（Abiah Root）說：

我今天晚上去散步，精挑細選地摘了幾朵花。我希望能給你一些。……我要在這封信中附上一小片天竺葵葉子給你，請你一定要替我拿去做成壓花。你做了自己的植物標本冊了嗎？若還沒有，希望你會做

一本，它將成為你的寶物；現在多數女孩都在做標本冊。如果你做了標本冊，或許我可以摘一些這附近長的花，豐富你的收藏。

🌿 天竺葵的葉子和一小簇花朵；愛德華・希區考克的配偶歐拉・懷特・希區考克（Orra White Hitchcock）繪製。

這種保存植物的方法是她在植物學的課程中學到的。「排版整齊的植物標本冊非常美麗，」林肯太太在《通用授課》中寫道，「並且有可能提供極大幫助，標本冊使你有機會同時比較多種物種，此外，也能讓你牢牢記住植物的特色。」根據林肯太太的說法，植物標本冊不但是充滿陰柔氣質的藝術，也是一種科學檔案。

狄金生的植物標本冊有 66 頁，封面是綠色織布，上面有花朵圖樣的壓紋，並用皮線捆起來。她為標本冊蒐集了 400 多種植物的花朵，通常都帶有莖和葉。她會用紙張或大本書籍的書頁把蒐集來的植物壓平、壓乾。根據狄金生的紀錄，壓制乾燥花與留存詩作，都是必須即時完成的事情。

我手握一個寶石－
然後就寢－
那日天氣舒暖，清風徐徐－
我說「它將不會消失」－

醒來－我嚴斥誠實的手指，

寶石不見了－

而今，一個紫水晶的回憶

是我唯一的所有－

　　　　　　──F# 261, 1861

〔翻譯引用自《我是個無名小卒：艾蜜莉‧狄金生詩選 I 》（木馬文化出版；賴威傑 George W. Lytle、董恒秀譯）〕

　　而待標本乾燥後，艾蜜莉‧狄金生會把它們攤平放進蒐集冊的書頁中。她用上了膠的紙條小心翼翼地把每個標本固定好，再用最漂亮的字體做簡潔明瞭的標註。

　　每頁的排列都十分可愛。艾蜜莉在許多頁都把一個較大的標本和幾個較小的安排在一起。有時候她的安排顯得天馬行空，例如：把兩枝雛菊交叉放在其中一頁的底部，宛如徽章的底座。有些標本則布置得地朝氣蓬勃，例如：把三枝刺楤散開來，分別放在三角草分裂成三片狀的葉子上。在標本冊較後面的頁數中，她在每頁放進更多標本，好像擔心空間會不夠似的。她使用了標本冊裡的每一頁，所以在繼續蒐集標本時，她只能在哪裡找到空位就把標本放在那裡。

　　她蒐集的標本包羅萬象。其中包括水果的花（蘋果、醋栗、草莓）、蔬菜的花（馬鈴薯、番茄、小黃瓜）和樹木的花（七葉樹、楓樹、山茱萸），此外還有觀賞植物的花。她在大自然中灑下一張大網，甚至抓來了兩種藻類，一種來自淡水，一種來自海中。

　　在安置標本的過程中，艾蜜莉試著用各種方法組合不同種類的植物。多數頁面都是不同屬的植物混雜在一起。她偶爾會把同一屬的植物放在一起：這一頁是菫菜屬、那一頁是水仙屬，讓人不禁猜測它們是不

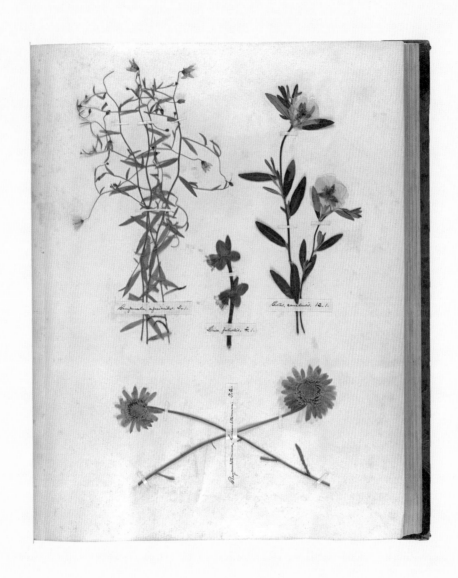

❦ 她在植物標本冊第 8 頁把三朵野花排在一起：沼澤風鈴
草（Campanula aparinoides）、沼澤革木（Dirca palus-
tris）和岩薔薇（Cistus canadensis），再加上長在花園和
牧草原上的法國菊（Chrysanthemum leucanthemum，現
今被重新分類爲 Leucanthemum vulgare）。

🌿 狄金生在此標本上寫下：法國菊的植物學名 Chrysanthemum leucanthemum，以及代表雄蕊與雌蕊數量的「17-2」。

是她的最愛。季節也混雜在一起。半邊蓮屬的花和美洲豬牙花的開花月份不同，卻在同一頁中一起綻放。另外，她也把花園中的植物與野外的植物完美地融合在一起。

狄金生作詩的風格一如排列植物標本冊的風格，有時會混用野外的花與家裡培育的花。

 噓！藤地莓甦醒了！
番紅花驚動了她的眼皮—
杜鵑的雙頰緋紅—

她正夢想著樹林！

接著虔誠地轉身離開它們－
是它們入睡的時刻了，她說－
熊蜂會喚醒它們
在四月的樹林轉紅時。

——擷取自 F# 85, 1869

　　對於調查狄金生花園的偵探而言，這本植物標本冊充滿了密密麻麻的線索。被剪下來的花園植物是實體證據，能證明她種過，或至少認識過哪些花。她的其中一首詩提到了罌粟花；植物標本冊裡有加州罌粟花（Eschscholzia californica）和虞美人（Papaver rhoeas）。她在另一首詩中宣稱「紫丁香是古老的灌木」；植物標本冊裡有晚開花的花葉丁香（Syringa × persica）和紫丁香（Syringa vulgaris）的標本。她替我們留下了形象化的清單，讓我們知道她的花圃中一年四季會有哪些植物：百日草和金魚草，金蓮花和紫茉莉。

　　艾蜜莉在小小的標籤上寫下這些植物的正式植物學系統命名：前為屬名，後為種小名，這是比她早一個世紀出現的瑞典博物學家林奈（Carolus Linnaeus，又稱 Carl von Linné）發明的命名系統。艾蜜莉遵循她在植物學課堂上學到的知識，數算花朵的雄蕊與雌蕊數量，寫在名字之後，藉此標明花朵的綱與目。

　　林肯太太提出了一個製作植物標本冊的方法，而這個使鄉村小鎮的女孩覺得樂趣無窮的方法，就是「植物學遠足」。「看到花朵生長在自己的家鄉，會使你體會到勝過科學的歡愉；你可以在樹林中的乾樹叢、小溪的堤岸、草地、牧場，甚至連道路邊緣找到無窮無盡的植物學觀察目標。」植物學家把這種遠足稱為野外調查。安默斯特近郊有大量

艾蜜莉・狄金生的「春季野花」選集

葡匐岩梨（Epigaea repens）

　　艾蜜莉的「春天之子」包括了葡匐岩梨，這種植物的橢圓形葉子能把樹林底層的腐敗葉片與樹枝推開。葡匐岩梨的花朵粉白相間，能從 4 月開到 5 月，因此獲得了另一個常見的名字：五月花。

　　五月花是現在的麻州州花，謠傳這個名字是清教徒以他們的船名所取名的。狄金生在成年後曾用五月花當作春天甦醒的標誌。

　　尋找第一朵盛開的花變成了一種新活動。朋友寄葡匐岩梨給她時，她稱之爲「討喜的自吹自擂」。在另一年春天，她寫道：「泥濘很深——達到馬車的肚子了——葡匐岩梨縫製了粉色的衣服，萬事萬物都充滿生氣。」

　　她在一首詩中描述了葡匐岩梨的外表，但沒有指名道姓：

粉色－嬌小－又守時－
馨香－低矮－
藏身於四月－
現身－於五月－

苔蘚的甜心－

山丘的常客－
僅次於知更鳥
於每個人的心中－

勇敢的嬌小美人－
以你做裝飾
大自然誓言要放棄
古代－
　　——F# 1357, 1875

🌿 穿著「粉色衣服」的葡匐岩梨；克萊麗莎・孟格・貝嘉繪製。

美洲豬牙花
（Erythronium americanum）

　　美洲豬牙花的花朵是黃色的百合狀，花瓣向花心後方捲曲，伸出的雄蕊

48

使之獲得了「青蛇舌」的小名。你可能也聽過有人稱之爲「鱒魚百合」（trout lily），這是因爲它充滿斑點的葉子，看起來就像河鱒的顏色。美洲豬牙花的生長環境是陰暗的樹林，花期3月到5月，依照氣候而有所不同。狄金生曾在5月寄了一首詩給朋友，並夾帶了美洲豬牙花做爲禮物：

> 它們斑駁的倔強
> 貶低或駁回─
> 禮貌的譴責
> 對狂喜而言根本無效─
> ──F# 1677, 1885

狄金生的詩，包括她的花朵之詩，經常使人有機會使用字典。「倔強」（importunity）的意思是堅持不屈，對百合來說，5月開花是不合時宜地過早。人工培養的百合球根全都要到夏天才會進入花期。「譴責」（obloquy）指的是誹謗或者類似的口頭辱罵。她在此暗指祝福能打敗不好的禮儀。或許狄金生對花朵的知識已經太過陳舊，又或者其中隱含了一些只有寄件者與收件人才知道的意義。

Liliaceae. Lily +
Erythronium Dogs-tooth Vio
E. Americanum, Yellow Adder's-ton

uetin. May 6 '94.

🌿 鱒魚百合在海倫・夏普的畫中展現其「斑駁的倔強」。

三角草（Anemone americana）

艾蜜莉在林間散步時蒐集來的另一種植物，是三角草，又稱美國肝葉（American liverleaf）。三角草和毛茛（buttercup）關係相近，分布在大西洋

的兩端。

人類自古便把三角草當作藥物使用。美國原住民拿三角草熬汁，治療的疾病從消化道疾病、泌尿道疾病到婦科疾病等，相當廣泛。

它淺裂的葉子使醫者想起肝臟的形狀。在歐洲醫療逐漸進步的時代，有一種理論叫做「形象學說」（Doctrine of signatures），指的是看起來像某種臟器

時至今日，血根草依然會出現在順勢療法的藥單中。

狄金生的另一本植物學書籍，大肆宣揚這種小小的林間植物能用來治療許多可怕的疾病。「『根』可以有效治療流感、百日咳和新型傳染病，……此外還有通便、催吐以及……刺激的效果。」

話雖如此，目前沒有任何跡象顯示狄金生一家曾把這些植物用來當作藥物。艾蜜莉找到三角草和血根草時，她注重的是其外觀的美感，而非催吐的效用。

🌱 野生血根草生氣勃勃地在家宅花圃中生長。

🌱 狄金生把春天開花的三角草安排在此頁，標示為 Hepatica triloba，同頁的其他兩種植物是在一年中其他時節開花的野花：外來種的 Verbascum thapsus（毛蕊花）在夏天開花，原生種的 Aralia nudicaulis（裸莖刺楤）在早秋開花。

的植物，便可以用來治療該種臟器。三角草的白花，是安默斯特樹林間率先盛開的花朵之一。

血根草（Sanguinaria canadensis）

血根草和三角草一樣，都是帶有醫學色彩的迷人野花。由於它的根是鮮紅色的，所以人們很肯定它絕對和血氣有關，並把血根草拿來作爲醫療用途。

植物，助長了艾蜜莉和同學們對於植物學的興趣。

「我認識了幾群不錯的朋友，我們在四處漫遊時找到好多、好多美麗的春天之子，我將在下文一一寫出它們的名字，不知道你找到它們了沒有，」她對愛比亞‧魯特描述道，「五月花、美洲豬牙花、黃堇菜、三角草、血根草和許多其他更小的花朵。」

此外，杜鵑花（Rhododendron canadense）在狄金生的詩作場景中，占據了非常重要的位置。杜鵑似乎是從森林裡被移植到花園中的，就種在番紅花與野生的匍匐岩梨旁邊。不過杜鵑依然渴望樹林。順帶一提，同樣的植物也啟發愛默生（Ralph Waldo Emerson）在1834年寫下了〈杜鵑花，有人問，花從哪裡來？〉（*The Rhodora, On Being Asked, Whence is the Flower?*）。

植物標本冊使我們得以追隨艾蜜莉的野花遠足之旅，標本竊竊私語地提示我們她曾去過哪些棲地。除了在林間漫步之外，她也去了沼澤和泥地。睡蓮、沼澤金盞花、闊葉慈菇和問荊，全都生長在潮溼的土壤裡。你也必須涉水走入高高的草叢，才能和狄金生一起在牧草原中蒐集柳葉馬利筋和秋麒麟草。而有些植物是來自邊緣的明信片，它們從森林的遮陰中，往空地悄悄探出頭。山月桂與美洲接骨木莓能在溼潤的土壤和半遮陰的環境中成長茁壯，成為林間樹木的下層植被。

她的手足也對蒐集植物抱持同樣的熱忱。維妮將之視為外出的好機會。「上週鮑登帶著瑪莉的法國人、萊曼、E‧福勒和我一起去彼爾翰泉摘匍匐岩梨。我們找到很多匍匐岩梨。」他們蒐集的植物讓艾蜜莉有更多材料能加入植物標本冊中，也使她有更多素材可以拿去當作「財務隱喻」：「蘋果樹把盛開的花借給維妮，維妮又借給我，我沒有支付利息，它們紅潤的銀行無需利息，而樹林又把延齡草借給奧斯丁，他也用同樣的方式分享給我。」

🌿 杜鵑花「夢想著樹林！」歐拉・懷特・希區考克繪製。

艾蜜莉時常獨自外出探索：「早在我還是個孩子，尚未找到粉蝶蘭之前，就知悉它的大名了，但如今我第一次觸摸它的莖，才發現它和生養它的沼澤一樣鮮活。」粉蝶蘭是一種耐寒的陸生蘭花，生長在土壤中而非樹上。它是新英格蘭的原生種，花期介於暮春至初夏之間。如今我們把這種蘭花稱做「唇舌蘭」（fringed orchid），但近來它們越來越少出現在沼澤泥地，反而比較常出現在瀕危植物清單中。唇舌蘭將近一呎高，十分引人注目，從沼澤中冒出來時尤其如此。它們同時出現在植物標本冊和詩作中。

　　某個彩虹－自集市而來！
　　某個喀什米爾世界的景象－
　　我確實看見了！
　　或者孔雀的紫色列隊
　　羽毛一片接著一片－在平原
　　自行消散不見！

　　沉睡的蝴蝶甦醒了
　　倦怠的水池恢復它們的呼呼聲
　　即去年早被斷掉的曲調！
　　自太陽上的古老堡壘中
　　雄偉的蜜蜂－向前行進－一隻接著一隻－
　　排列成嗡嗡作響的隊伍！

　　今日知更鳥擁擠地站在一起
　　宛如昨日的雪花站在－
　　柵欄上－與屋頂上－與樹枝上！
　　粉蝶蘭黏上她的羽毛

🌿 唇舌蘭在克萊麗莎‧孟格‧貝嘉所繪製的圖中「黏上她的羽毛」。

是為了她的舊愛－太陽閣下！
重返那片沼澤！

沒有指揮官！多不勝數！屹立不動！
樹木與山丘的軍團
站立成鮮明的分遣隊！
看啊，這些是誰的群眾？
這些孩子來自包了頭巾的海－
或哪一個高加索國度？

——F# 162, 1860

　　她的家人也注意到她喜歡獨自到野花叢間散步的習慣。在狄金生
的其中一封信中，你會聽到她母親告訴她要小心的一百件小事，而她的
哥哥則因此開她的玩笑。

　　我還是小女孩時常跑進樹林中，他們說蛇會咬我、我可能會摘到
有毒的花或會被哥布靈綁架，但我依然獨自外出，從沒有遇過任何事
情，我只遇過天使，而天使害怕我遠勝過我害怕他們，所以我不會相信
許多人的欺騙言行。

　　她父親採取不同的方法來解決女兒獨自出行的問題。他為她買了
一隻體型巨大的狗。她把狗取名為卡羅（Carlo），這個名字來自她很
喜歡的一本小說《單身漢的遐想》（*Reveries of a Bachelor*）中的一隻狗，
她把卡羅稱做她的「毛茸茸盟友」。她向新筆友逐一描述自己的同伴：
「山丘——閣下和日落——還有一隻狗——和我一樣大，是我父親買給

我的——牠們比人類更好——因為牠們懂得我說的話——但不會說出去。」

漫步在野花之間時，沒有比狗更好的同伴了。「卡羅、難道你和我，不能在草地散步一小時嗎？——沒有人會在意但或許長刺歌雀會，因為他——有超高的道德標準？」

訓練有素的狗同時也可以是能力出眾的園藝監督員。在園丁辛苦地挖土工作時，狗狗會躺在一旁的草地上曬太陽。狗狗也會用心傾聽，甚至能聽見花園裡的蜂鳥發出的嗡嗡聲。

在我的花園裡，騎乘一隻鳥
在一個輪子上－
輪輻發出眩人的音樂
就像不斷轉動的磨坊－

他從不停下，只會放慢
在最成熟的玫瑰上－
無須降落就能攝食
離開的同時讚賞，

直到嚐過每一種口味－
接著他仙人般的二輪馬車
盤旋到更遙遠的高空－
而我回去找我的狗，

他和我，我們都困惑
我們是否，能確定－
或是在大腦中培育出這座花園

如此奇觀－

但他，這位最傑出的邏輯學家，
要我用笨拙的眼－
去看那些不斷震動的花朵！
真是絕妙的回應！
——F# 370, 1862

「我和卡羅討論所有事情，」狄金生寫信給一位朋友道，「他的眼神變得深思熟慮，他毛茸茸的腳前進的速度變慢了。」顯然卡羅不像一般的狗狗一樣，喜歡用他毛茸茸的大腳在花園裡挖洞，又或許他喜歡這麼做，只是狄金生沒有提起這件事。

有些人說卡羅是紐芬蘭犬，也有人說他是是聖伯納犬。但無論品種為何，卡羅都是一隻大狗。艾蜜莉很喜歡他巨大的體型。「維妮和我都很好。」她寫信給前往紐約州拜訪親戚的嫂嫂「卡羅——很讓我們滿意——他的新活動嚇跑了人類和野獸。」

無論在花園裡或花園外，他都是隻好狗。但他不是維妮的最愛。「卡羅個性堅持，在你離開之後，他從不要求食物或水。母親覺得他是隻模範好狗，她曾想過如果維妮沒有使他『動搖』的話，他會成為怎麼樣的狗。」事實上，維妮比較喜歡貓。

卡羅活到很老，在狄金生身邊堅持不懈地陪伴她 16 年。一位安默斯特的女人回憶說：

她還是個小女孩時，會和狄金生小姐一起散步，而那隻狗狗會嚴肅地跟在她們身邊。「葛蕾希，」狄金生小姐突然呼喚她的童年好友，「你知道嗎？我相信等我上天堂後，第一個來迎接我的一定會是我可愛

的、忠誠的老朋友卡羅。」

他死時，狄金生寫信給一位朋友：「卡羅死了。你能引導我嗎？」他逝世後，狄金生外出遠足的次數便減少了。「我鮮少出門探索自從我的沉默朋友，但你所說的『無限之美』靠得太近，我無法追尋。」

艾蜜莉‧狄金生花園的暮春

「草坪上滿是南風，氣味互相糾纏，今天是我第一次聽見樹中的溪水聲。」

安默斯特的春日時光令人歡欣鼓舞，視覺與嗅覺皆有強烈的享受。狄金生把春天稱做「洪水」。新萌芽的葉子在風中冒出頭來，模仿溪水的淙淙湧動的聲響。日光溫暖了花苞，使之盛放，帶出其中的香氣。「今天美極了，」艾蜜莉曾寫信給奧斯丁說，「如此明亮、如此湛藍、如此翠綠又如此潔白，並如此豔紅。櫻桃樹的花全部綻放，桃子的花開了大半，青草搖曳，天空和山丘和雲朵若願意嘗試，想必也能跟著一同搖曳起來。」

安默斯特的田野和庭院都種滿果樹。事實上，為了消遣而務農的紳士時常種植水果；愛德華‧狄金生的藏書室中，有多本書籍都在解釋要怎麼做才能種出最好的收成。在他寄給未來妻子的信件中，愛德華寫道：「如果我們在今天傍晚結婚，那一定會是一段無比美好的時光——我發現我們的一棵桃樹開花了……我總是喜歡在月光之中享受這樣的夜晚。」狄金生的父親給人的印象向來嚴肅，這封信中他對月光的喜愛能讓我們看見他的一絲浪漫情懷；開滿花的果樹想必顯得閃閃發光吧！

🦋 果樹的「花朵全部綻放」是安默斯特的春季特色；克萊麗莎・孟格・貝嘉繪製。

瑪蒂（艾蜜莉的姪女）後來回憶起家宅旁的果樹。「有三株高大的櫻桃樹排成一列，就長在房子東側的石板走道旁，一路往花園走去會看到李子樹和梨子樹，春天時會開滿適合編制花冠的潔白花朵。」在距離屋子更遠一點的向陽斜坡上，有一棵狄金生家大家長山繆爾·福勒·狄金生（Samuel Fowler Dickinson）種植的蘋果樹。

　　無論是當時還是現今，在安排果園的果樹排列時，講究的都是「最大光照」與「最高效率」，通常果樹會排列成四角形或者梅花形（梅花型就是骰子上面五點那一面的排列方式），這是對稱的規則。然而，在狄金生果園底層的青草，好像要抗議果樹被強制分布得如此拘謹似的，全都長得很高，其中還混入了一些野花：董菜和毛茛。

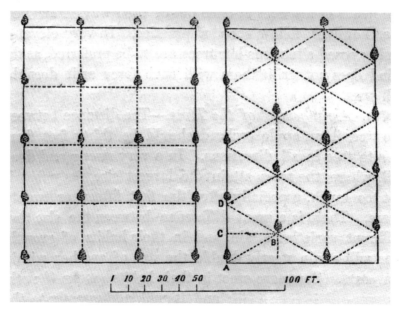

🌿狄金生家的果園會以幾何圖形排列。

果園在暮春的聖靈降臨日，為狄金生開了花。聖靈降臨日是復活節後的第七個週日，也就是廣為人知的五旬節（Pentecost）。她把這個節日稱做「白色週日」，因為這天正好是果樹開花的日子。然而，等到她年紀大到足以自行選擇後，她便不再參加位於安默斯特學院另一端的公理會教堂所舉辦的活動。她把自己稱為非國教徒（dissenter），改成在自己的花園內舉行她的儀式。

有些人每週安息日前往教堂－
我則每週安息日留在家中－
陪伴我的長刺歌雀是唱詩班－
而果園，是穹頂－

有些人每週安息日穿上牧師白袍－
我只是穿上我的翅膀－
他不為教堂敲鐘－
我們的小教堂司事－他歌唱。

上帝布道－ 一位知名的牧師－
他講道的時間從來不長，
所以，我不是終於抵達天堂－
而是一直往天堂走。

——F# 236, 1861

雄性長刺歌雀的毛色，看起來就像神職人員穿的衣服：牠有黑色的羽毛、黃色的後頸和白色的肩羽，宛若已經準備好要開始唱詩或布道。狄金生的詩在 1890 年代出版後，一名波士頓的報社評論家寫道：「喀爾文主義是一株樹，雖然外表長滿木瘤，但核心如同永恆的公義一

樣強健，而近日的自由思想嫁接出了一些品質優良的橄欖。這或許能解釋狄金生小姐令人驚異的言論背後所隱含的真正崇敬之意。」

暮春的園藝活動大幅增加，又到了每年需要固定養護的時節。奧斯丁的父親在寫給他的信中詳列了這些雜項：「我們堆好了木柴——清理了庭院——修剪了葡萄藤和樹——整理並種植了花園、施用堆肥、種下許多馬鈴薯、犁了草地讓土壤鬆軟並使青草長得更好。春天該做的事差不多快做完了。」土壤努力把暮冬的融霜全都排出，準備好接受園丁的勞動與整治了。狄金生保留了「種子，放在紙製的家中，等待陽光再次呼喚它們。」這些種子是從去年的花園裡蒐集來的、朋友給的、商店買的或從商品目錄冊訂購的；是時候該播種了。

她蹲下來，謹慎地把種子種下，用處理好的土壤蓋在上面。她的書寫使播種成為永恆。「我種下我的——盛典在五月，」她在一張紙上寫道。「它將一列列升起。」她用彎曲細長的字跡繼續寫出下一首詩：

所以喜悅地興建小山丘－
我的小鏟子呀
留下隱身處給雛菊
以及夢幻草－

——擷取自 F# 30, 1858

詩中的鏟子挖動土壤，把地平面升高以利苗圃排水；製造「隱身處」能創造出無拘無束與自然的效果，有別於當時較受歡迎的緊密地毯式排列種植。

✿ 春天的家宅花園周圍長滿了報春花。

　　有些種子可以直接種入處理好的土壤內的「隱身處」中；有些種子則需要先放在溫室裡接受嬌貴的照顧，待夏天才能移出來。她記錄下一整天的工作過程，寫道：「維妮和蘇在做溫床（hot bed）──但知更鳥一直煩擾她們──最後她們完成的溫床不多。」溫床和冷床（cold frame）的差別在於，溫床會加溫：它的熱源是分解中的肥料，能提供種子和秧苗用來萌芽與生長的暖和空間。艾蜜莉·狄金生的妹妹和嫂嫂正在準備溫床種植植物。

✿ 原生種的夢幻草，填補了花園和森林的缺口。

　　下雨對園丁來說是休息的訊號。雨天是安靜、柔軟的日子。「今天沒有鳥，十分寂寞，」狄金生在 5 月的一個雨天寫道，「因為

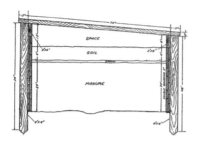

🌿 溫床（hot bed）使狄金生姊妹能在夏天來臨前就開始耕種。

🌿 艾蜜莉‧狄金生博物館內的一條紅毯子和古代單輪手推車，以及一個近日在常青之屋發現的舊時陶盆。

🌿 有誰能不為這樣迷人的百合球根，而瘋狂呢？

雨下得很大，而那些小詩人都沒有傘。」太陽出來時，他們會忙到令人無法置信的地步。艾蜜莉把所有注意力都大肆揮霍在花園中，在土地依舊潮溼時跪在一片紅色地毯上。維妮也在那裡，她寫信給哥哥說：「我現在覺得異常忙碌，我想到好多能改善房子和土地的計畫。」

暮春適合種植像百合這種夏天開花的脆弱球根植物。狄金生曾問過：「土壤中的球根不就和缺席的朋友一樣神祕嗎？球根不就是最迷人的花朵形式嗎？」球根和其他球莖類的親族都是卓絕群倫的觀賞植物。百合球根看起來像是洋蔥，大麗花塊莖看起來比較像馬鈴薯。

某一年的 5 月，她的朋友康妮利亞‧史威特瑟（Cornelia Sweetser）寄來了一些球根，她回信說：「我一直都是著迷於球根的瘋子，不過我的朋友們總是替我遮掩這件事，畢竟對任何事情著迷成瘋子這種事，最好還是

別透露出去。」她回報說那些球根都平安抵達，也種進土裡了，「在它們的地底之家休憩」。

在園丁狄金生為夏日的花朵埋下種子並種下球根的同時，雜草也自行種下了自己。有誰不曾被雜草圍攻過嗎？無論當時或現今的草坪與花園中，處處都有蒲公英冒出頭來。

🌱 蒲公英的「花萼筒」。

蒲公英的名字「dandelion」來自鋸齒狀的葉片，這個字會讓人想到「獅子牙齒」的法文：dent de lion。它們幼小的葉子能做成辛辣的沙拉或水煮蔬菜——它們犯下的罪行是往花園的土裡長出深深的軸根，因此吃掉它們也算是個合理的處罰。

作家狄金生採取的則是不同方針，她捕捉了蒲公英的外表。在許多詩中，她都將蒲公英由種子構成的頭稱做「保護罩」或「女帽」。在一封信中，她壓乾一枝蒲公英並綁上緞帶，又附上了一首詩。這是充滿詩意的歡慶，是對春天的欣喜歌頌。

蒲公英蒼白的花萼筒
驚動了青草－
冬季立刻變成了
一聲永恆的嘆息－
花萼筒舉起一根示意的花蕾
接著是一朵高喊的花－
太陽紛紛揚聲宣告
葬禮已經告終－
——F# 1565, 1882

5月1日是五朔節（May Day），這天狄金生家的三位手足會在花園裡蒐集花朵，放進小小的五月籃裡，再把五月籃用緞帶掛在門把上。人人皆知奧斯丁在談戀愛時，偶爾會把五月籃放在情人的門把上。春天時，他們的花園中會長出「滴血的心」（Bleeding heart，荷包牡丹）。另外，「勿忘我」（Forget-me-not）也在花園中盛開。狄金生曾在信中附上這些藍色與黃色的小花，並建議道：「我寄了小小的解毒劑給你，讓你解除他人的愛——覺得受到誘惑時，你可以依附這個解毒劑給你的警告。」

雖然有時狄金生會像狄更斯筆下的吝嗇鬼一樣，清點春季花園中的植物，不過正如我們先前讀到的，她總是會慷慨地與他人分享花園提供的紅利：

那麼我有報春花「銀行」的「股份」－
水仙花嫁妝－芬芳的「股票」－
管轄權－如同露珠一樣廣布－
一袋袋達布隆金幣－敢於冒險的蜜蜂
帶給我的－來自蒼穹之海－
以及紫色－來自秘魯－

——擷取自 F# 266, 1861

有了不斷倍增的銀行，豐富的花朵資產便大幅增加了花園的詩意總額。另外，花園也具有富饒的氣味。鈴蘭又被稱做「山谷百合」，它們遍地開花，散發幽香。家中的女人摘下它們，用以裝飾房子與家族墓地。花園裡的紫丁香沉甸甸地垂下圓錐花序，飄散濃香。狄金生形容它們令人迷惑，讓她想起「閒散與春天」。它們的花期很長：

🦋 「我有報春花『銀行』的『股份』」；歐拉・懷特・希區考克繪製。

紫丁香是一種古老的樹木
但今夜山坡上
那宛如紫丁香的天空
更古老－
西沉的太陽
將這最後的花朵
遺贈給沉思－非供摘取－
這西隅之花。

西方為花冠
地球為花萼
子房裡磨亮的種子是星星－
信念的科學家
他的探索才開始－
這花非時間
所能分析
亦非綜合法所及－
「眼睛未曾看見」或僅是
在盲目者間流行
但勿讓啟示
受此說阻止－

　　　　　——F# 1261, 1872

〔翻譯引用自《我是個無名小卒：艾蜜莉・狄金生詩選 I》（木馬文化出版；賴威傑 George W. Lytle、董恒秀譯）〕

　　紫丁香會吸引從不偷懶的蜜蜂。狄金生在一封信中寫道：「我一定要給你看一隻蜜蜂，它在窗邊吃一朵紫丁香花。看啊——看啊——他

飛走了！他的家人想必會很高興能見到他回家！」工蜂（所有工蜂都是雌性，所以應為「她」而非「他」）都在為蜂巢蒐集花蜜與花粉——花蜜用來製造蜂蜜，花粉用來製造蜜蜂界的麵包，可以儲藏起來給蜜蜂幼蟲吃。我很好奇，身為家中烘焙師的艾蜜莉‧狄金生，是否知道蜜蜂也會做麵包。

她很喜愛蜜蜂，經常將之當作靈感與擬聲詞的來源，蜜蜂是她的「嗡嗡海盜」。它們如同海盜一般在她的春日花園中流連，為夏天準備補給品。雖然它們四處遊歷，但卻從來不會忘記家在哪裡。

🐝 春天時，狄金生家宅周圍長滿了紫丁香。

Early Summer

－ 初夏 －

園丁的旅行

　　雖然園丁向來特別熱愛某一小塊土地（她自己的地盤），但「旅行」也同樣吸引她；不同的風景與不同的花園能提供「比較」與「刺激」。旅行，可以是園丁的謬思，對詩人來說亦是如此。

　　艾蜜莉・狄金生在青少年時期與 20 多歲時經常旅行。她拜訪住在麻州的親戚，而波士頓向來特別吸引她。1846 年，她在那裡逗留了一個月，和拉維妮亞阿姨與叔叔洛爾・諾可羅斯（Loring Norcross）一起住，她在那裡扮演觀光客。「我去了奧本山（Mount Auburn），去了中國博物館，去了邦克山（Bunker Hill），」她對愛比亞・魯特詳細描述道：「我參加了兩場音樂會與一場園藝博覽會。我去了議會大廈的頂樓，去了幾乎你能想像得到的所有地方。」

　　園藝博覽會！拉維妮亞阿姨在週六帶艾蜜莉去了麻州園藝學會（Massachusetts Horticultural Society）舉辦的水果、花卉和蔬菜展。園藝學會是一個值得尊敬的組織，成立於 1829 年，在狄金生的年代是一個相對較新穎的機構。該學會在美國主辦了第一屆花卉展，而後持續舉辦對植物世界大有助益的競賽、公共活動與研究暨借閱圖書館。1846

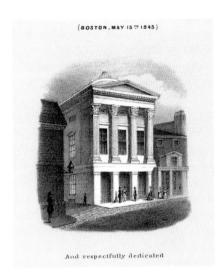

(BOSTON, MAY 15TH 1845)

And respectfully dedicated

🌿 位於波士頓學院街（School Street）40 號的園藝大廳，艾蜜莉・狄金生在 1846 年參加在此舉辦的展覽。

年 9 月 16 日，園藝學會正式開辦「第 18 屆水果、花卉、花卉布置與蔬菜年度博覽會」，開放時間是每週的週二、週三和週四。艾蜜莉・狄金生參加的正是這次博覽會。

狄金生在這場 9 月博覽會的入口，看到的切花裝飾都是季末盛開的花卉：紫菀和秋季盛開的玫瑰，以及千日紅、雞冠花、風鈴花和大麗花等一年生植物。狄金生在往後幾年把其中幾種植物也種進了她自己的花園中；她在晚年的信件中提到了紫菀和千日紅。

博覽會的花園展示令人嘆為觀止，以最精彩的形式展現出了維多利亞時代的折衷主義。狄金生和她親戚觀賞了由花與植物打造的全尺寸希臘神廟、用苔蘚與花朵裝飾的瑞士村舍，還有搭配一位中國茶商與吊鐘花完美修飾的中式亭閣。博覽會中還有一座圍繞著常綠植物的 14 尺高歌德復興式涼亭，用以向英國的如畫美景致敬。這種環遊世界的路線，展現了設計師的技巧與他們廣泛的品味。也讓我們能一窺當時在美國園藝行家中，尉為流行的風潮。

博覽會中有大量的花瓶和花壺，牆上與天花板上也吊掛著許多花束與花圈，以及一些平面展品。狄金生當時想必會看到的一個作品是「一個華美精緻的幾何圖形平面展品，表面是由紫菀、千日紅和其他花朵所構成，其中一側的邊緣有著大大的『園藝博覽會，1846』字樣，這些字則是用不凋花構成的；而在展品的最上方是用花朵拼湊成的一隻老鷹。」扁平設計是一種以切花展示花壇的形式，這些形式是 19 世紀花

壇設計的品味，而這聽起來就像 21 世紀的玫瑰花車遊行（Tournament of Roses Parade）中的花車。

展覽會水果區的競爭激烈。栽培者把他們的蘋果、桃子、李子、無花果和葡萄全都帶來了，不過他們帶最多的還是梨子。其中一位園藝學家展示了梨子的 176 種品種。他們的分類名稱，例如：美麗與優良、翠糖、滑鐵盧蜂蜜等，本身就具有詩意。事實上，狄金生家族也一樣是名熱切的水果種植者。雖然他們僅參加安默斯特當地的展覽，不過與大家同樣都帶著競賽精神，提交他們的農產品，接受評審。

拉維妮亞‧諾可羅斯阿姨經常參觀波士頓博覽會，她曾寫信給艾蜜莉的母親說：「我昨天參加了園藝博覽會……讓我想起了伊甸花園：那麼豐沛的美妙花朵和水果。但每隔一陣子我就會看到一張紙片上面寫著『請勿觸碰』。」拉維妮亞嬸嬸或艾蜜莉在園藝大廳逗留時，是否曾向誘惑低頭，摸了禁忌的水果呢？

身為作家的艾蜜莉‧狄金生沒有抗拒原初的花園與其中的禁忌水果。伊甸園充滿豐富的元素：亞當與夏娃、形形色色的植物與動物，還有蜿蜒滑行之蛇貢獻的神聖蘋果中所蘊含的原罪。〈創世紀〉是《聖經》中經過公理會認可的一個典故，但這個故事依然帶有隱約的不雅意涵：在無花果葉出現之前的花園生活。狄金生經常使用伊甸園，她曾寫道：「在面對如此喜悅的花朵時，從伊甸園被放逐一事也變得模糊，這沒有對〈創世紀〉不敬的意思，但天堂留存了下來。」

提起天堂，艾蜜莉‧狄金生在 1846 年的波士頓之旅中，其中一個目的地是奧本山墓園（Mount Auburn Cemetery）。以現今的觀感來看，把墓園當作參觀行程似乎有些非比尋常，但在狄金生的年代並非如此。

她和親戚當時或許搭乘了最新的交通工具：1845 年啟用的公共馬車。當時有數千名觀光客都搭著這種馬車，從波士頓市鎮直接前往劍橋。

🌿 1848 年的奧本山墓園刻版畫，也就是艾蜜莉描述的「死亡之城」。

他們從奧本山街的北邊入口進入墓園，穿越巨大的埃及式花崗岩大門，就像走進了尼羅河畔的某座古老神廟。占地將近 150 英畝的墓園裡，到處都長著古老的黑橡樹，也種了許多觀賞樹木和灌木。艾蜜莉和親戚沿著曲折道路漫步前行，每轉一個彎就迎來一片嶄新的風景。這裡的通道多以植物命名，例如：橡樹大道和木槿巷，而這些路名都鑄刻在鐵製路牌上。

馬匹不能進入墓園內，因此諾可羅斯與狄金生一行人徒步前進，一旁池塘中的倒影是低泣的垂柳，十分應景，他們眺望池塘彼端，抬眼看著奧本山的山峰，以及遠方的查爾斯河（Charles River）和波士頓。墳墓上，通常設有雅致的石雕紀念碑和鐵欄；雖然這些石碑與鐵欄融入了墓園的景色中，但這些人造物看起來卻不像是主角，反而融入了墓園的整體景觀中，好像在人體回歸塵土之後，個人的身分也跟著歸順自然了。這樣的景致如詩如畫、非比尋常又奇異特殊。

狄金生在一封寫給朋友的信中分享了她的感受：

你曾來過奧本山嗎？如果沒來過的話，你可以對這個地方有一個最單純的認知：「死亡之城」。大自然似乎在這個地點實現了一個與眾不同的構想，因為這裡是她孩子休憩的地方，疲倦失意的人們可以在展開枝葉的柏木底下伸展軀體，閉上眼睛，「像是夜晚的降臨或夕照下的

花朵一樣寧靜」。

　　狄金生造訪奧本山墓園時，墓園正好在慶祝 15 週年紀念。奧本山墓園在 1831 年於麻州園藝學會的支持下，進行整頓，是美國第一個花園墓園，也是最有名的一個。在殖民時期與美國成立初期，逝者的下葬地點通常都位於教堂庭院的邊緣，上面矗立著墓碑，氣氛陰沉，雜草叢生。到了 19 世紀，思想進步的規畫者決定要把墓園轉變成充滿自然氣息的浪漫地景。而郊區公墓正好適合像艾蜜莉・狄金生這種新興的浪漫感性主義者。

　　奧本山墓園和其他仿效者，例如：費城的勞瑞爾山墓園（Laurel Hill）和布魯克林的綠林墓園（Green-Wood），也變成了吸引觀光客的主要景點之一。當時，住在城裡的人少有精心整理過的公共空間能出遊，一直到數十年後的「都市公園運動」出現後才漸改善。為此，許多家庭都會帶上野餐食物去墓園郊遊，情侶也在那裡談情說愛。另外，學校遠足時也會前往知名墓地，並以死者生前的所作所為啟發學生。至於園藝狂熱份子則在此檢視植栽，觀察墓園為死者與來訪者設置的植物園。

　　然而，艾蜜莉就像所有優秀的園丁一樣，在離家後開始擔心自己的花園。家人是否有幫她澆足夠多的水？她錯過了哪些花的花期？「你在諾里治（Norwich）有種什麼花嗎？」她問愛比亞，「離開家時，我的花園看起來很美。 我不在時是……〔維妮〕幫我照顧花園。」她委派自己親愛的妹妹維護花園，解決了身為園丁必須面對的困境。

　　她在隔年，也就是 1847 年 9 月動身前往聖枷山女子學院（Mount Holyoke Female Seminary）時，也發生了同樣的狀況。聖枷山女子學

拉維妮亞・狄金生在姊姊離家時負責照顧花園。

院後來更名為聖枷山學院，在這裡唸書時是狄金生離家最長的一段時間。她當時將近 17 歲。把行李打包好放上馬車後，便離開了安默斯特。令人心安的達達馬蹄聲一路延伸到南哈德利（South Hadley）。他們橫越了熟悉的風景：農莊與磨坊，也咯咯作響地橫越了福特河（Fort River）上的遮棚橋。馬車在巨大的白色建築物前止步，這裡就是神學院，雖然離家只有 10 英里，但對狄金生來說這裡想必顯得陌生又僻遠。

她入住的那間宿舍中，表親艾蜜莉・諾可羅斯就住在她樓下。（她的家族偏好使用同樣的名字，致使家族圖譜顯得令人十分困惑。）她們的房間裡有簡單的家具以及鯨油燈，雖然有一個富蘭克林火爐，但對室內盆栽來說還是太冷了。「現在植物看起來怎麼樣？它們還是跟我走之前一樣欣欣向榮嗎？」她在 11 月詢問奧斯丁。「我真希望能看看它們。有些女孩把植物帶來這裡，但這裡很冷，雖然我也曾想過要帶植物來，但現在我很慶幸我沒有那麼做。」

狄金生參加了科學與古典學的課程。她繼續研讀植物，並將之記錄在詩中：

> 若有傻瓜，稱它們為「花朵」—
> 還要聰明人，多說嗎？
> 若有學者將它們「分類」
> 意義也一模一樣！
> ——擷取自 F# 179, 1860

對於生在 21 世紀，時常哀嘆熟悉的植物名稱被改變的園丁來說，

這段詩可說是他們的聖歌了。當遺傳學（在植物學中則稱做系統分類學）登上舞台之後，分類學與命名法的更動速度，變得越來越快。對狄金生而言，學者「分類」植物。如果她能在現今修改詩作的話，她可能會把這個詞改成「重新分類」，因為現今的科學家正以 DNA 分析為基礎，把各種植物重新分配到新的科底下。

事實上，狄金生的詩作從花卉繼續延伸至各式主題，從神學至科學等其他領域都含括在內：

閱讀〈啟示錄〉的人
切莫批判
那些閱讀同樣版本的人－
使用的是受蒙蔽的雙眼！

我們能否和古老的「摩西」並肩而立－
「迦南」被拒絕－
像他一樣觀看，另一側的
莊嚴景觀－

毫無疑問，我們應該視為過剩的
許多科學，
不被博學的天使索求
於學者的天空！

在美好的純文學之底
允許我們能昂首挺立－
星辰，在深遠的銀河系間－
在那重要的「右手」上！
　　──擷取自 F# 179, 1860

由此可見，艾蜜莉·狄金生的涉略範圍極廣。

　　為了獲得她的「美文」（belle-lettres），狄金生遵循聖枷山的嚴格時間表；看起來簡直就像軍事學校一樣：「6點時，我們全都要起床。我們在7點用早餐。8點開始學習。」她在寄回家的一封信中詳述。「9點時我們到神學院大廳集合祈禱。」每天最主要的一頓餐點是中午12點半開始的午餐，午餐前後他們要上課與練習音樂。「四又二分之一〔四點半〕時我們……以參加講座的形式聽萊昂小姐教誨。6點吃晚餐，之後就是安靜的讀書時間，一直到八又四分之三時睡覺鈴響為止。」有時，他們會從每日訓練中擠出時間做健身操並散步1英里。

　　她在1848年離開學校返家，告訴朋友說，她父親決定不再送她回學校了。這種事並不少見。她的班級原本有115人，第二年只有23人回去繼續就讀。當時，鮮少有女子進入學院讀書，而能讀完整套課程的人更是少之又少。

　　1853年，新當選的美國議員狄金生先生出發前往華盛頓，這個新身分讓他有機會長時間離家。愛德華·狄金生閣下在家書中提起眾議院，還有華盛頓特區的天氣：夏季的西洛可熱風（sirocco winds），以及初春時「少數幾株樹木顯得十分青翠，而國會大廈的草坪上長著我見過最綠的青草。」她的妻子和兩個女兒在1855年2月中前往華盛頓。

　　在城市裡的那三個禮拜，他們住在威拉德飯店（Willard's Hotel）。那一年的氣候想必異常溫暖。艾蜜莉·狄金生描述那裡的天氣「宛如夏天一樣甜蜜柔軟……楓樹開了花，陽光下綠草如茵。」她似乎對維農山莊（Mount Vernon）的印象特別深刻，她記錄道：

🌿 狄金生於1847年入學時，學院的名字叫聖枷山女子學院。

　　我們在溫柔的春日，搭乘鮮豔的船隻沿著波多馬克河（Potomac）
順流而下，跳上河岸——我們手牽手沿著纏結的小路大步前進，直到抵
達喬治·華盛頓將軍的墳墓，我們在墓旁停下腳步，一句話也沒說，接
著再次手牽手，繼續前進。大理石上的故事並不使我們更不聰慧或更不
悲傷；我們走進門內——舉起了他最後一次返家曾上托的門栓……喔，
若你聽不倦的話，我可以花上漫長的一整天述說維農山莊的事情！

　　狄金生在這段宛如詩歌的散文中，描述的是一個相當受歡迎的地
點，墳墓中那名偉人的傳奇再次顯現。如果她「真的」花了漫長的一天
描述維農山莊，她必定會說起從面東的寬大門廊往河對岸看過去時，能
看見馬里蘭（Maryland）岸邊的潮水湧動；這棟白色板牆式房屋的拱廊
如同敞開的手臂，探向房子的最高點，展現最佳的景色。

然而，她對維農山莊的描寫是否會有反諷的轉折？當時那裡已經年久失修，想必會令遊客感到困窘。事實上，華盛頓的後代幾乎把基金花光了。那年9月，他們出售了維農山莊。一直到1850年代末，才有維農山莊婦女會（Mount Vernon Ladies Association）開始努力維護這份房產。

🌿 維農山莊的喬治・華盛頓墓碑的圖像，此畫和狄金生的描述皆經過浪漫化。

儘管如此，那年2月艾蜜莉・狄金生或許還是可以走在具有紀念意義的樹木底下，瀏覽牆內的觀賞庭院和菜園。那裡有一間柑橘溫室，是華盛頓將軍以紅磚與玻璃打造的高雅建物，用以放置比較脆弱的植物。

狄金生住在美國首都的期間，奧斯丁從家裡寄了一封信調侃他們。在後續的回信中，艾蜜莉顯然覺得無法苟同。「他說我們忘記了『馬、貓和天竺葵』……建議要把家宅賣掉，和母親一起搬到西邊──要用我的植物做花束，寄給他的朋友們。」但她反擊道：「至於談到我親愛的花朵們，就算我離家遙遠，我也能認出這段期間冒出的每一片葉子和每一個花苞。」國會休會時，狄金生一家人取道費城回到了安默斯特與奧斯丁身邊；而花園也在家裡靜靜等候著他們。

艾蜜莉・狄金生花園的初夏

你知道何謂「六月」──

我會送給她－

一天一朵來自桑吉巴的玫瑰－

和百合的花萼筒－ 如同水井－

一里又一里的蜜蜂－

碧藍的海峽－

蝴蝶海軍－ 航行而過－

還有斑斑點點的九輪草山谷

　　——擷取自 F# 266, 1861

🦋 狄金生一家人的剪影，繪製時間大約是
愛德華・狄金生進入國會的期間。

　　狄金生最熟悉的兩種甜香
花朵，是芍藥和鳶尾花。芍藥輕
點它們倦怠的頭顱，而螞蟻行軍
像是淑女的追求者般往含苞待
放的花朵前進，深受花蜜吸引。
滂沱大雨是芍藥樹叢的浩劫。盛
開的花朵因雨水而變得沉重，壓
低了花枝。鳶尾花的劍型葉是青
灰色的，質地與形狀呈現強烈對比。而每朵芍藥都只能盛開一天，與漫
長的生長期相比，轉瞬即逝。

　　初夏時，狄金生花園內的主調是玫瑰。爬藤玫瑰在兩座棚架和一
座涼亭上綻放。老派的灌木玫瑰將長長的拱形枝椏伸展到小路上，上面
開滿了花朵。瑪蒂在清點她還記得花園中有哪些品種時寫道：

　　七姊妹玫瑰的嬌小花朵簇擁在一起，每條枝椏都能自成一個完整的
　　小花束，這是我祖母在 1828 年以新娘的身分來到安默斯特時，從蒙森

（Monson）帶過來的；直到現在它都還在花園裡，我們一直很愛護它。除了黃玫瑰與白玫瑰的樹叢之外，還有一排排的帶刺玫瑰樹籬；這個名字來自枝條上的蠻橫尖刺。粉紅努賽特則每年都往四面八方蔓延，融入了各個角落，另外也有被稱做肉桂玫瑰的單瓣玫瑰；而後我們這一代把它重新命名叫做單日之愛玫瑰，因為它的綻放和凋落都發生在日出與日落之間。在這些玫瑰之間，有一種玫瑰上面有緋紅色與白色的條紋，他們稱之為印花法國玫瑰，名字出自於看起來像棉布印花的花瓣……它也在我們的花園裡綻放，公然無視歷代花匠在繁殖植物上的努力。我們不只一次欣然給出六月玫瑰的插枝，但親愛的老忠臣永遠不會因為這種現代宣傳的誘惑而變得庸俗。

為了撐過新英格蘭的寒冬，狄金生花園裡的玫瑰都十分耐寒，不過符合標準的品種依舊很多。現今，我們對玫瑰的認知已經狹隘到只剩下花匠定義的玫瑰：枝條細長、多為紅色、花朵碩大、少有香味並以一打一打販賣的那種玫瑰，以及好養到可以種在停車場那種玫瑰，例如：處處可見的「全勝」（Knockout）系列玫瑰就是如此。但實際上薔薇屬（譯註：genus Rosa，在英語中玫瑰和薔薇都是 rose，皆是薔薇屬）的家族圖譜甚廣。為此，在狄金生的花園裡生長的品種，值得一探究竟。

艾蜜莉・狄金生在夏季的某天寄了幾朵玫瑰給她的朋友艾蜜莉・福勒（Emily Fowler）：「我在談起花苞時，完全忘記提起玫瑰蟲了。我發現有一大家子的玫瑰蟲在我最寶貴的花苞上享用早餐，由於有聰明的小蟲寄住在女房東家裡，所以最甜美的花都沒了，儘管如此，還是請你接受我用最小的花附上我的愛。」

在花開的季節，玫瑰花會成為各式各樣蟲子的目標。她說的玫瑰蟲可能是癭蚊或蚜蟲，不過最有可能是某種玫瑰毛蟲。無論從生物學上

來判斷她說的玫瑰毛蟲是哪一種，總而言之都是葉蜂的幼蟲，它們向來對玫瑰葉與花苞垂涎三尺。

　　從艾蜜莉‧狄金生在信與詩之中提及玫瑰的頻率來看，玫瑰應是她最喜歡的花種之一。她總是會留意一些巧妙的遣詞用字，並曾在寫給通信者的信上道：「維妮摘了你信中的『底層玫瑰』（譯註：Sub rosa，拉丁語，字面意思是「玫瑰花下」，常用的衍生意是「祕密的」。狄金生在此指的是維妮把通信者的祕密告訴她了），把它們交給我了。」在她寄出的其中一封信中，她把乾燥的玫瑰花苞縫在信紙上。她在下面這首詩中隱去了「玫瑰」一詞，使之成為一道謎題。

　　　　微小的六翼天使－陷入迷途－
　　　　來自沃韋的絲絨子民－
　　　　來自失落夏日的美人，
　　　　是蜜蜂獨占的陪伴－

　　　　巴黎也無法打造出這麼一條
　　　　翡翠製成的腰帶－
　　　　威尼斯也沒有雙頰能展現
　　　　如此溫順耀人的色調－
　　　　這樣的埋伏過去絕沒有
　　　　尖刺和葉子能做得到
　　　　為了我的小錦鍛侍女－

　　　　我寧願穿戴她的優雅
　　　　也不要伯爵的高雅面容－
　　　　我寧願如她一般生活
　　　　也不願成為「艾克希特公爵」－

> 高貴氣質於我已經足夠
> 去征服熊蜂。
> ——F# 96, 1859

　　這首詩是狄金生用來替代環歐旅行，裡面有想像的會面、好客的主人、歐洲大陸的首都與度假勝地。對狄金生而言，無論是真正去了波士頓、華盛頓和費城的旅行，或者在詩作裡短暫訪問的巴黎、威尼斯或大不列顛，都無法勝過她在安默斯特與玫瑰之間漫步的感受。

　　當她和家人從城鎮的那一頭搬回她祖父在主街建造的老房子時，她臥室的牆上便貼滿了玫瑰花樣的壁紙。

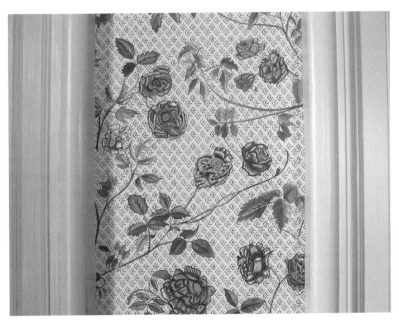

　❧ 艾蜜莉‧狄金生的臥室壁紙；藉由近期整建發現的壁紙碎片所修復而來。

艾蜜莉・狄金生的「玫瑰」選集

大馬士革玫瑰（Rosa damascena）

狄金生在她的一首詩中把這種玫瑰形容為她的「錦緞侍女」。

大馬士革玫瑰的花朵不多，大小約3吋，開花時一簇簇集結在一起，微微向下垂落。它的嫩枝長滿尖刺，像是「埋伏的士兵」一樣，想摘花的園丁特別容易受到伏擊。

另外，這是玫瑰中非常古老的一支品種，人類已培育了數個世紀，包括中世紀（damascena 指的就是大馬士革）的園丁、羅馬帝國的羅馬人甚至久遠到 10 世紀的法國人都曾經手栽培。它的花朵以其香氣征服蜜蜂。

七姊妹玫瑰（Rosa multiflora 'Grevillei'）

如果你讀過 1881 年出版的《常見家事知識百科》（Household Cyclopedia of General Information），你會在裡面找到與七姊妹玫瑰有關的敘述。在 1816 年被培育出來後，這種玫瑰從此成為了最受歡迎的爬藤玫瑰之一。

開在華美支架上的碩大重瓣花朵與其極富魅力的花色，能使訪客駐足停留。它的同一簇花團內可能會出現從淺粉到嫣紅等各種不同顏色。玫瑰愛好者認為此種玫瑰有七種不同的深淺的粉色，因此稱之為「七姊妹」玫瑰。（請留意七姊妹玫瑰是野薔薇的近親，對美國許多地方來說具有極強的侵略性。種植前請先諮詢當地農業推廣服務處。）

🌿 歐拉・懷特・希區考克繪製的玫瑰。

玫瑰（Rosa rugosa）

玫瑰的俗名是刺蝟玫瑰。刺蝟是一種帶刺的歐洲小型哺乳動物，美國北部的豪豬就是一種類似刺蝟的動物。玫瑰也和這兩種生物一樣渾身是刺。這種玫瑰原本生長在中國北方、朝鮮半島和日本群島，如今已歸順至新英格蘭各地的土丘，獲得了另一個綽號「鹽霧玫瑰」。

它的植物學種小名 rugosa 描述的是其光亮綠葉上的皺摺（rugose）。若沒有時間或心力戰戰兢兢地照顧玫瑰，它就是最適合的品種。它將用芬芳的單瓣花犒賞你的辛勞：白色、粉色、黃色或紫色，顏色取決於你栽培的品系。到了秋天，花瓣凋落後餘下的果實將會轉變成鮮紅色。

粉紅努賽特（Rosa 'Blush Noisette'）

　　粉紅努賽特是狄金生那個年代的新品種，來自 19 世紀南卡羅萊納州（South Carolina）。培育出這個混種玫瑰的，是查爾斯頓的園藝學家菲利普·努賽特（Philippe Noisette），因而此花以他的名字命名。

　　狄金生花園中的粉紅努賽特，開的是香味淺淡的淺粉色花朵。多數人喜愛的玫瑰都在 6 月開花，但努賽特最知名的特點是它能不斷盛放，直到結霜為止。

肉桂玫瑰（Rosa majalis）

　　育苗者在 1600 年之前就已把肉桂玫瑰帶進貿易業中了。他們覺得這種花能滲出肉桂的香味，是非常珍貴的調理香料，而 19 世紀的美食家也會使用這種玫瑰的花瓣和果實。

　　目前，沒有任何跡象指出狄金生一家人除了把這種花當作觀賞植物外，還有拿來用作其他用途。單瓣的粉色肉桂玫瑰會在 6 月散發出香辛味，秋天則會結出橘紅色的果實，十分適合觀賞用。

❀「一日之愛」，又稱肉桂玫瑰。

印花法國玫瑰（Rosa gallica）

　　雖然印花法國玫瑰（calico rose）會讓人想到布料花紋，但其實這個名字是其植物學種小名 gallica 的變體。會從「gallica」變成印花（calico）或許是因為花瓣的確長得像是印花布料。印花法國玫瑰的許多栽培品系都具有雜色花瓣，粉色、白色或嫣紅色的條紋彼此交雜，就像瑪蒂描述的那株一樣。

❀ 印花玫瑰的顏色多呈現多色、雜色的樣貌。

香葉玫瑰（Rosa eglanteria）

　　在莎士比亞的《仲夏夜之夢》中，蒂塔妮亞被引誘到鏽紅薔薇樹叢之下入睡；而這裡的鏽紅薔薇（eglantine）就是香葉玫瑰的別名。狄金生既讀莎士比亞，也種下了這種她稱做「母親之香葉」的玫瑰。或許這種單瓣粉色玫瑰是艾蜜莉·諾可羅斯·狄金生在嫁給愛德華時，帶來安默斯特的植物之一。

　　香葉玫瑰是長成一大叢的灌木，而它的葉子被搓揉之後，會散發出如同切片蘋果的香氣。到了秋天，這種玫瑰就像其他品種一樣，開始展示出紅寶石般的果實。

❀ 開滿花朵的香葉玫瑰枝椏：克萊麗莎·孟格·貝嘉繪製。

Midsummer

— 仲夏 —

園丁的土壤

　　1854 年，狄金生一家人原本居住的主街家宅進入了拍賣市場。這時，已成為執業律師與政治人物的愛德華・狄金生抓住了這個機會：他買回了他父親失去的房子，透過這次的不動產交易重新取回自己與生俱來的權利；山謬爾・福勒・狄金生的鬼魂因此得以安息。

　　艾蜜莉的父親買回了磚造房屋、附屬建築、周遭的廣闊房產與街道對面 11 畝餘的牧草原。他花了高額經費修整這些建築，雇用建築工人增添時尚的義式裝潢：圓頂閣、大理石壁爐架、兩間起居室的窗上邊框、西側的落地玻璃門與露天門廊，又把東側書房與餐廳之間的轉角改建成小型溫室。木匠與石匠花了大半年的時間，終於完成這些工程。

　　完工後，狄金生一家人遷離北普萊森街的房子與花園，搬回到原有的家園。狄金生若有所思地寫道：

　　我以為我們會直接「轉移」，就像天體一樣——但事實上我們必須一點一點地搬動，就像我們的其他同伴一樣，直到我們把「搬家」這個詞語中蘊含的默劇演完為止。這件事有種「前往堪薩斯」的感覺，要

家宅的方頂閣是愛德華·狄金生在 1854～1855 年整建的最高點，從這裡能鳥瞰附近的地景。。

是我真的坐在一輛長貨車上，而我的家人跟在後面的話，我無疑會覺得自己也是移民的一份子！

主街上整建過後的狄金生家宅。

房子前門上掛著一個銀製門牌，歡迎這幾位短程移居者。

艾蜜莉花了好一陣子適應住回這裡的生活。「人們都說『家是心之所在』。」她寫道。「我覺得家應該是『房子』之所在才對，相鄰的建築也含括在內。」但她很快就找到了，又或者說再次找到了她最喜歡的角落。屋內有一條連接廚房與正門的走道，她將之稱為「西北通道」，那是

一條隱密而方便的通路。這是她最喜歡的僻靜地點，通道上有五個出入口，其中一個是後樓梯，另一個則是通往屋外的一扇門。而家族中的一位朋友還記得拜訪狄金生時遇到的情形：

> 她在後方一條能通往廚房的狹窄走廊裡迎接我。那裡光線昏暗。她問我要一杯紅酒還是要一枝玫瑰。我告訴她我比較想要玫瑰，她便到花園拿了一枝玫瑰給我。她看起來異乎尋常，而她的聲音、外表和整個人格特質，都使我在數年之後，依然能栩栩如生地回憶起那個時刻。

家或許是房子之所在，而對艾蜜莉・狄金生來說，家絕對是花園之所在。她很快就從家中的花圃內摘取了大量花朵。那幾年間，她尚且還覺得到城鎮的親友家中拜訪是一種享受，並因此獲得了一些印有壓紋的拜訪小卡，有時還會獲得花束。在安默斯特公理會教堂的第一教區聚會所中，每個人都有各自的保留座位，因此她偶爾會在禮拜開始前，把要送給朋友的花束留在朋友一家人要坐的長木椅上。

🌿 類似艾蜜莉・狄金生會製作來送人的花束。

狄金生把她的花束稱做「捧花」（nosegay）。她用各式各樣的花朵製作捧花：把它們集中成同心圓狀，接著用黏貼或綑綁的方式固定；她充滿創意。「有一次一位朋友收到了一束比平常還要更正式、更精巧的花束，還有一個關於這束花當中其中一朵花的告誡。那位朋友在仔細

🦋 安默斯特 1886 年地圖的其中一小部分，從中能看見主街上的家宅，也能看見帽子工廠和狄金生家牧草原後方那條通往南方的鐵路。

觀察時抽出那朵花，發現花莖上纏著一張特別藏起來的小紙條。」

她寫的東西遠不只藏在捧花裡的小紙條。當時是身為詩人的狄金生特別多產的時期。

家中有兩張方形的櫻桃木寫字桌，其中一張放在她父親的書房，坐在桌前可以往外看到下方的溫室；另一張則在她的臥室內，她會坐在其中一張寫字桌前。她臥室內的幾扇窗戶——它們的方位、它們的高度，讓她能仔細衡量窗外景觀。另外，在狄金生家宅的田園風牧草原對面，是一條鐵軌和帽子工廠的煙囪（工廠忙碌地用進口棕櫚葉製造帽子），更遠一點則是聖枷山脈（Holyoke Range），其永恆的存在包圍

住了進步的發展。靠著窗沿探出頭向東方看去，彼爾翰丘陵（Pelham Hills）的綠色波浪正向她襲來。

她把筆尖浸入黑色的墨水池裡，寫下文字。一個字彙（例如：「玫瑰」這種花名）遂轉變成一種結構：部分來自記憶，部分來自想像；再將字彙順著節奏與押韻嵌入一首詩中，使之宛如一朵玫瑰的花瓣，雖然每一片花瓣都有所不同，但能共同創造出節律與對稱之美。

她既是作者也是讀者，她的讀物包含各式各樣與園藝、花朵和自然相關的選書。在艾蜜莉·狄金生的一生中，隨著新科技帶動印刷產業，園藝寫作也跟著蓬勃興盛，而園藝則變成了美國男女皆愛好的消遣。她讀梭羅（Thoreau）與愛默生，那些東麻州的詩人，也和他們一樣偏愛藉由聚焦於大自然超越平凡。喬治·艾

狄金生家宅中有一間大藏書室。

略特（George Eliot）與伊莉莎白·巴雷特·白朗寧（Elizabeth Barrett Browning）是她的最愛。她在《大西洋月刊》這一類家庭訂閱的雜誌中閱讀關於花朵、園藝和自然世界的文章。閱讀的園丁，永遠不會獨自從事園藝。

她的父親在她28歲時買了一本書給她：《大自然野花繪圖與上色》，並在內頁寫下「給我的女兒艾蜜莉，父親愛德華·狄金生致贈，1859年1月1日。」這本書尺寸極大，裡面印的是一些感性的詩作和彩色平版印刷的鮮豔花朵與葉子。書本封面有金色浮雕，再加上

其主題，必定會成為艾蜜莉的植物標本冊的良伴。這本書的作者與繪者是康乃狄克的植物學藝術家克萊麗莎·孟格·貝嘉（Clarissa Munger Badger）。我覺得愛德華·狄金生送書是為了用這位新英格蘭女人所出的書，鼓勵他的女兒。

　　搬回位於主街的房子後，狄金生四處旅行的日子大約也就此告終。她住回了出生的房子，致力於打理花園和詩作，而下面這首詩提及以白色「帕理安」大理石（Parian）聞名的希臘帕羅斯島（Greek island of Paros），可以約略猜測出這個時期狄金生的生活：

夏日會來的－終究會的。
女士們－撐著陽傘－
漫步的紳士們－手持柺杖－
而小女孩們－懷抱洋娃娃－

將會著色蒼白的風景－
好似亮麗的花束－
雖然今日－村莊被埋在－
帕理安潔白雪堆中－

紫丁香－曲折許多年－
將帶著紫色的負荷擺盪－
蜜蜂－不會厭棄那些曲調－
是他們的祖先－曾哼唱過的－

野玫瑰－在沼澤間轉紅－
紫苑－在山丘
她不凋的時裝－確立－

而立約的龍膽花－增添褶邊－

直到夏季收折她的奇蹟－
一如女人－收折－長袍－
或神父－調整聖器－
在神聖儀式－結束之時－
　　──F# 374, 1862

艾蜜莉・狄金生花園的仲夏

「*我的藝術，夏日的一天*」──擷取自 F# 553, 1863

想像 6 月的一個安適傍晚，狄金生家宅起居室的落地門敞開，門上的維多利亞時期水波狀玻璃反射出了樹木與草坪的影像。微弱的鋼琴聲從鄰居的起居室裡傳來。

夏天無疑來臨了。

吃過晚餐後，太陽依然高掛在天上，足以照亮兩間起居室，在木地板條上切出斜角的光帶。雖然春季大掃除剛結束，但空氣中依然懸浮著塵埃。窗戶閃耀。人們因為夏天將至把地毯拍打過後捲起來了。毛毯晾在屋外。向來力求簡練的狄金生曾以一句話總結她對家事的看法：「我寧願染上惡疾。」她寧願從事園藝。

🌿 「金銀花──它長得又快又好。」

書房桌上攤開的書是克萊麗莎・孟格・貝嘉所著的野花相關書籍。

從落地門走出去，踏進露天門廊上，你會發現自己置身於盆栽之中。他們把夾竹桃的綠色枝條從溫室裡扛出來，那些細小閃亮的葉片正在為 8 月底的開花積蓄能量。加入它們的，還有前一年冬天在溫室玻璃底下茂密成長的瑞香花，如今，它們正為了漫長的夏日長出新的花苞。

夏天是艾蜜莉·狄金生最喜歡的季節。她談論夏天的次數遠多過其他季節：她一共在詩作中提起夏天 145 次。緊追在後的競爭對手是冬季，但卻只被提起了 39 次。夏天從花園中向她襲來。她在花園的小路上被夏日的潮汐擄獲：

我的花園－像一片海灘－
表示－有個海的存在－
那就是夏天－
就像這些－珍珠－
被她抓取－我也一樣
——F# 469, 1862

隨著樹木展葉，一池池陰影每天都順時針挪移。葉片輕輕波動，就像緩慢的河水，川流岩石而過。它們失去了春天的熒亮色澤，並因為葉綠素濃度增加而顏色轉深。精巧的橡樹花用雄性柔荑花序，往石板路拋下飛揚的花粉。

金銀花盤繞爬上藏書室外的藤架，散發出來的香氣占據了丁香花留下的空位。管狀粉色花朵中的花蜜召來了蜂鳥。牠懸停在盛開的目標花朵前方，把宛如蛋糕測試棒的長舌戳進裡頭品嚐甜香。

園丁必須把新生藤蔓誘哄到支撐架上綁好，這無異於弄蛇人的藝術。有時負責這項工作的是艾蜜莉：「我在今晚的用茶時間之前出去，固定金銀花的生長方向，」她曾寫道，「它長得又快又好。」她補充說，

🌿 現在博物館裡的奧斯卡，牠具有維妮 的寵物風度，曾向許多遊客打過招呼。

🌿 拉維妮亞‧狄金生晚年抱著她養的其中 一隻貓，站在廚房門外。

兩株植物上都長滿了花苞。有時，則是她妹妹負責這項工作：「維妮處理好金銀花的生長方向了——知更鳥把細繩偷去築巢——這完全是它們平時會做的事。」狄金生寫道。

　　這是個適合在花園裡散步的美好傍晚，或者，你也可以說是巡視。將近夏至的漫長夕照，似乎正適合貴族出巡。紫色的鳶尾花閃爍著光芒：

清晨－是露水的歸所－
玉米－在正午結成－
晚餐後的光－獻給花朵－
公爵－獻給日落！
——F# 223, 1861

　　鳶尾花床上的葉子似乎擺動得比微風還要快？那可能是維妮的其中一隻貓在根莖之間追蹤一隻小齧齒類。拉維妮亞深愛她的貓咪們，替牠們取了愚蠢的名字（笨瓜）、平凡無奇的名字（斑斑）以及預示 20

世紀著名影視作品的名字（巴菲和杜絲）（譯註：Buffy and Tootsie，
作者指的是 20 世紀著名影集《魔法奇兵》〔*Buffy the Vampire Slayer*〕和
著名電影《窈窕淑男》〔*Tootsie*〕）。貓擅長獵捕囓齒動物，因此隨著
貓的數量增加，田鼠、花栗鼠和其他挖洞野獸的數量也大幅下降了。

　　沿著石板小路前行，水果樹開始出現在視野中。櫻桃、蘋果、李
子和梨子都還小，它們將在春季的花開過後逐漸漲大。最靠近主宅的三
株櫻桃樹上長出的水果會最先成熟。直接摘下來吃就已經很美味了，等
去了核之後還能做成派端上餐桌。水果吸引鳥類，牠們爭相競爭充滿糖
分的核果。

　　除了水果樹，狄金生家的花園裡還有一個草莓園。傳統品種的草
莓在 6 月時會產出大量果實，有時甚至能達到每株一夸脫之多。嗯，是
時候，該熬果醬與烘焙了，烹煮草莓的味道從廚房的門飄揚至花園中：

越過柵欄－
草莓－生長－
越過柵欄－
我可以攀過去－若我嘗試就可以，我知道－
莓果真好！

但－若我污了我的圍裙－
神必會降下責罰！
糟糕，－我想若祂是個男孩－
若可以－祂也會－爬過去！
　　　　　——F# 271, 1861

🌱「康乃馨還誠摯嗎？」歐拉·懷特·希區考克繪製。

花園中較低矮的植被，其在花壇邊界顯得蔥蔥郁郁。石竹科的親族們全都開花了。古靈精怪的狄金生曾詢問瑪莉·鮑爾斯（Mary Bowles）：「你的花園如何了呢——瑪莉？康乃馨還誠摯嗎——美女石竹還忠實嗎？」康乃馨（Dianthus caryophyllus）的花瓣邊緣是鋸齒狀，就像鋸齒剪刀剪出來的一樣（譯註：康乃馨的英文別名是 pinks，鋸齒剪刀則是 pinking shears）。它們的葉片偏厚，顏色深綠。康乃馨的粉色小花朵可食用，因此這些可愛的花瓣可以拿去灑在起司或糖霜餅乾上。有時狄金生把康乃馨稱做「吉利花」（gilliflower），這個名字來自「丁香」的法文，因為康乃馨聞起來是香的。她的祖先曾使用康乃馨來調味紅酒與麥酒。

美女石竹（Dianthus barbatus）是另一種適合種植在家宅花園的植物，它會開出各種深淺的白色、粉色和嫣紅色的花。在狄金生的花園內，美女石竹有時並不忠實，它們會消失一、兩年的時間。但如果她每年夏天都種下新的種子，它們就會乖乖地表現出兩年生植物應有的模樣：在第一年長出綠色的葉子，第二年盛開。它們是花園的珠寶：

當鑽石成為傳說－
皇冠成為－童話－
我為自己種了胸針與耳環，
養育，然後販賣－

雖然我幾乎不受重視－
但我的藝術，夏日的一天－也有支持者－
曾經－是一位女王－
也曾經－是一隻蝴蝶－
　　　　——F# 553, 1863

　　初夏時節，狄金生花園的花壇邊界生長的主要都是多年生植物。它們似乎在一夕之間同時怒放，爭相吸引目光。虞美人如同聖經紙一樣薄透的花瓣在堅韌的細莖上活潑地搖曳。如果它們在花園裡過得順心如意，就會種下漂亮果莢內的種子，在意想不到的地方發芽。鮮紅的虞美人看起來就像一顆顆小型太陽：

原來是個看似寧靜的日子－
大地或天空都無害－
直到西沉的太陽
在那裡落下意外的紅痕
人們會說那是，流浪的色調－
向小鎮的西方行去－

但當大地開始震動－
房子在咆哮中消逝
而人性藏匿

🌿 狄金生花園中的雛菊。

我們在敬畏中領會
就像那些看到毀滅者一樣
雲朵間的罌粟花－
——擷取自 F# 1442, 1877

　　黃眼睛的白色雛菊和鮮紅色的虞美人形成強烈對比。狄金生把雛菊當作好友，有時還會在信中以雛菊作為自己的暱稱。

　　當時，她種植過並且至今依然在安默斯特的田野中繁密生長的雛菊是法國菊（oxeye daisy）。雖然她很喜歡雛菊，但並不是所有人都這麼認為。她的其中一位親戚曾說：「為什麼大家都那麼狂熱地誇獎雛菊有多美？它們在我眼中倒像是切成兩半的水煮蛋。」由此可見，對花朵的喜好取決於個人的品味。

🦋 一朵值得狄金生援引戒律的黃百合；克萊麗莎·
孟格·貝嘉繪製。

隨著夏季推進，怒放的百合同聲吹響號角。在花開之前，春天冒出來的繁密小綠芽，已延展成葉片茂密的花莖。喇叭狀的花朵每年都會確實盛放。狄金生培育了一整排百合，使得花園連續數週都顯得十分壯麗。她種植許多種類的百合，其中包括了一種無比迷人卻沒有名字的「白色花朵，花瓣上面有玫瑰色斑點，絲絨般的雄蕊是棕色的，比其他平凡的品種更加精巧」，此外還有日本百合、黃百合、聖母百合和虎斑百合。

艾蜜莉．狄金生花了多年時間研讀父親送她的《欽定本聖經》，十分熟悉其內容。她曾在合適的時候從舊約與新約中引用園藝的段落。她曾在信中引用「試想百合花（Consider the lilies）」（路加福音 12:27；馬太福音 6:28）6、7 次，通常都會附上花朵當禮物。她擅長誇飾，曾坦白道：「我唯一服從的戒律就是——『試想百合花』。」

她想必覺得自己是以《聖經》的角度瞭解百合花的：「它必定使《聖經》為之著迷了，畢竟從它的選擇做推論的話，不就是如此嗎？」狄金生寫信給她的朋友瑪莉亞．惠特尼（Maria Whitney）：「『田野上的百合花！』我每經過一朵百合旁，都必定要為所羅門王苦惱一番（譯註：耶穌在《聖經》中曾說過，就連所羅門王在最富貴時穿戴的衣飾都比不過一朵百合花），我再次深深愛上了『百合花』，深愛到只要我確定沒人看見我，我可能會就會做出那些在我死後會使自己懺悔的舉動。」

虎斑百合，植物學名 Lilium superbum，他們在夏季的花園中點頭。

✿ 毛地黃展現出它能引誘蜜蜂的花朵；被壓制在植物標本冊第 29 頁的右上。

她在種植百合時的確很有一手。有一年，她和最喜歡的表妹露易莎（「露」）‧諾可羅斯和法蘭絲（「芬妮」）‧諾可羅斯一起住在波士頓，她注意到一種特定花朵的生長狀況，向維妮描述：「我來到這裡之後，你給露的粉紅百合已經開 5 朵花了，而且長了更多花苞。女孩們都覺得這是受了我的影響。」

　　另外，毛地黃就像百合一樣，在狄金生的夏季花園中都是直挺挺的點綴。嫣紅色的花苞從植物基部一簇簇長有絨毛的葉子之間，向上延伸，開成方尖石塔狀的花串。由於這些花朵很適合童話故事，因此又被稱做狐狸手套或民間手套。無論是對狐狸、童話角色或普通的凡人而言，這些盛開的花朵看起來都像是在邀請他們的手指；就連它的生物學名稱 Digitalis 都是手指的意思。往盛開的花朵裡面看，你會見到可愛的斑點，這些斑點對授粉者來說，就像是酒吧外的霓虹招牌。

　　狄金生鮮少出版詩作，但 1861 年的《春田共和報》（*Springfield Republican*）上刊登了她的一首詩〈五月紅酒〉（*The May Wine*）。這首詩描述了毛地黃和蜜蜂，可以視作她在讀了愛默生的散文後以詩做出的回應。愛默生來自康科德（Concord）曾是公理會（Congregationalist）的牧師，之後才成為作家。狄金生在愛默生的著作《第二集》（*Second Series*）中的文章〈詩人〉（*The Poet*）中閱讀到下列段落：

　　詩人知道自己說話得宜，僅當他帶點狂野地說話，或「本著心中的花」說話；不是將智識當作喉舌，而是運用解脫了所有邏輯思維的智識。要為了從天國的生活中取得指示而受苦；或者要像古人那樣慣常於表達自己，表達時不可只運用智識，要運用因花蜜而陷入沉醉的智識。

　　狄金生欣喜若狂地回以讚美詩：

我嚐了從沒釀造過的酒－
用珍珠鑿成的啤酒杯－
連所有法蘭克福特的莓果
都無法釀出來如此的瓊漿！

喝空氣－而醉－
而露水的浪蕩子－
搖搖擺擺－穿越無止境的夏日－
從熔解之湛藍的旅館中而來

當「店家」拒絕了酒醉的蜜蜂
不讓他進入毛地黃的門－
當蝴蝶－聲明要放棄「微量美酒」－
我只會飲下更多！

直至六翼天使揮動他們雪白的帽子－
而聖人－跑向窗邊－
看著嬌小的酒徒
倚靠著－太陽！

——F# 207, 1861

　　在夏日，花壇邊界植物中的主力必定就是一年生植物了，在家中的花園也不例外。雖然多年生植物每年都會回來重複演出，但其中絕大多數的開花時間都只有寥寥數週。反觀一年生植物，它們下定決心要在這一季灑下種子，因此百花齊放。艾蜜莉和維妮在花園裡混雜種植一年生植物與多年生植物，如此，可以確保花園裡總有盛開的花朵，能吸引人類與授粉者。

艾蜜莉・狄金生夏季「一年生植物」選集

金魚草（Antirrhinum majus）

　　粉色、白色、嫣紅色甚至黃色紛紛出現，金魚草也在 6 月底加入了毛地黃的行列。它們似乎比自命不凡的英文別名「發怒之龍」（Snapdragon）還更討人喜歡。如果你擠壓盛開的花朵底部，它會開開闔闔，就像一張栩栩如生的嘴巴，正對著每一位園丁心中的孩子說話。

千日紅（Gomphrena globosa）

　　狄金生時常在詩作中探討「永生」這件事，也時常透過植物探索這件事。在植物標本冊的書頁中，你會找到有幾種花朵被她特別做成乾燥花。千日紅是中美洲的原生植物，從夏天一直到結霜之前，都會不斷開出渾圓的紫色花朵。

　　用一個冬天的時間把它們放乾後，它們將會維持原本的形狀與顏色。植物標本冊中的其他一年生「不凋花」還有麥稈菊（Xerochrysum bracteatum）和銀苞菊（Ammobium alatum）。

香雪球（Lobularia maritima）

　　如果夏季是海，那麼香雪球就是浪花的泡沫。這是一種非常嬌小的植物，大

🌿 一年生的千日紅和多年生的艾菊，一起在夏日的花園中搖曳。

概只有 3 吋高。一團團盛開的小花大多是白色的，不過也有粉色與紫色的。這種花聞起來十分香甜，種在花園前緣看起來就像是修整過的漂亮花邊。如果你的花園裡有鋪石小路的話，可以在石頭旁種下香雪球的種子。

　　它們喜歡把根長進涼爽潮濕的土壤中。香雪球成長得開心時，就會自行播種。秋天時，狄金生把花園中的香雪球和木樨草的種子蒐集起來，於冬天種在室內，使溫室充滿芬芳氣息。

木樨草（Reseda odorata）

　　木樨草（mignonette）的英文發音把重音落在「-ette」，而用法文獨有的方式，則能強調這種植物的花有多小。它的花序小且不醒目，用肉眼看來一點也不引人注意。這種花徹頭徹尾都無比內斂。但它散發出香氣時卻又像是百貨公司的香水專櫃一樣。

　　木樨草的芳香會在艾蜜莉‧狄金生穿越花園時，飄向她的鼻端，使她的視線隨著香氣移動。19 世紀的人把木樨草當作空氣清新劑使用，狄金生也會用它來增添花束的香氣。直至今日，法國的香水產業依然會種植木樨草作為商業用途。你不會在專業苗圃之外的地方找到木樨草，所以若想在花園裡種木樨草，唯一的辦法就是每年從種子開始種植。

紫羅蘭（Matthiola incana）

　　狄金生花園中的另一種芬芳花朵，是十字花科的紫羅蘭。它的花朵是淡粉彩色，看起來就像小型的玫瑰花串。有些高度較高的品種適合剪下來做裝飾，中等高度的適合種在花壇邊緣，而矮小的品種則可以種來做為花壇邊界的分野。

　　狄金生就猶如《三隻熊故事》（Goldilocks）中的金髮女孩，很清楚選哪一種最適合她的花園。此外，她很喜歡把紫羅蘭拿來用作經濟與花卉的雙關語（譯註：紫羅蘭的英文是 stock，在經濟學中 stock 有股票、存貨、積蓄等意思）。

香矢車菊（Amberboa moschata）

　　香矢車菊又名「甜蜜強權」，真希望我們能知道是哪位君主替它取了這種名字。它們的氣味香甜，是耐寒的一年生植物，會在氣候溫暖時成長，開花時的複合花序看起來宛若薊花。這種植物能長到 3呎高，所以要種在距離花壇邊界較遠的位置；可以剪下來插花或乾燥。

　　若園丁定期修剪枯死的花葉，香矢車菊就能一直開花直到結霜時期。在狄金生的時代，香矢車菊大多是紫色、粉色和藍色的，不過現在也可以買到白色與黃色的種子。

✄ 在狄金生的檔案中，「芬芳的『積蓄』（紫羅蘭）」和「水仙花嫁妝」互相競爭。

 紅花三葉草在狄金生的詩作中，被封為「紫色民主主義者」。

　　狄金生的花園沒有被任一種蝴蝶獨占。主街對面的牧草原長滿了
紅花三葉草（Trifolium pratense）。這種植物是歐洲殖民者帶到美國來
餵養牲畜，亦是許多授粉者喜愛的花。此外，它對土壤也有好處，因為
各種三葉草（以及其他豆科植物）都會從空氣中獲取氮並輸送到根部。
這是大自然的煉金術。

　　　　　　　　有一種花受蜜蜂偏愛－
　　　　　　　　蝴蝶－渴望－
　　　　　　　　贏得紫色民主主義者的心
　　　　　　　　蜂鳥－追求－

　　　　　　　　而無論哪種昆蟲經過－
　　　　　　　　都要帶走蜂蜜
　　　　　　　　分量依據他有多匱乏
　　　　　　　　以及她的－能力而定－

她的臉比月亮圓潤
比牧場上的紅門蘭
或杜鵑花－身穿的－
長袍更紅潤－

她不等待六月－
在世界轉綠之前－
她健康的嬌小臉龐
迎著風－被看見－

她和自己的親族－
青草爭奪－
草地與太陽的特權－
生命的甜美訴訟人－

當山丘變得豐滿－
當嶄新的潮流來到－
不因為嫉妒的痛楚
撤回任何一縷香氣－

她的群眾－是正午－
她的神－是太陽－
她的進步－由蜜蜂－宣布－
以至高無上－堅定不移的聲調－

在群眾裡－算是最勇敢的－
最後一個－投降－
甚至不知道－何謂戰敗－
在霜凍使它們消逝之時－

——F# 642, 1863

🌿 法國菊、毛茛和紅花三葉草，出自克萊麗莎・孟
格・貝嘉的著作《大自然野花繪圖與上色》。

FERN & WOOD MOSS

🌿 上圖：「我從我自己的森林中帶了蕨類給你」。

🌿 右圖：「未曾走過之路」上的一株蕨類；歐拉
・懷特・希區考克繪製。

　　夏季時節，狄金生不只在自己的花圃中冒險，她也去田野和森林散步遠足。她在四處遊走時蒐集靈感與各種物品。安默斯特周遭的蕨類總是密密叢叢而生，它們的嫩芽會在夏天完全展開。人們把蕨類挖回家裡與花園中，蒐集起來或壓乾，藉此增加室內的自然風情。狄金生在其中一封信札寫道：「我從我自己的森林中帶了蕨類給你——我每天都在森林中遊玩。」隨信附上的蕨類，是東北多足蕨（Polypodium virginianum），是當地的小型原生種，通常會長在潮濕的岩塊和石牆之間。若把蕨類翻過來，你會看到圓形的孢子囊群，葉片背面全都是孢子的小圓點。

　　蕨類，是這個季節會出現的植物之一，其中包括了在安默斯特的當地森林經常出現的乾草香蕨，只要用它的葉子刷過手掌，你就能聞到清香：

群山有個不同的神情－
充滿村莊的一道紫紅色光芒－
清晨時更廣闊的黎明－
草坪上更深邃的一片暮光－
朱紅色的腳的壓痕－
斜坡上的一隻紫色手指－
窗格上的一隻敏捷蒼蠅－
蜘蛛又開始他的生意－
雄雞更加昂首闊步的姿態－
處處可見的一朵花－
樹林間尖聲歌唱的一把斧－
未曾走過之路的蕨類氣息－
所有這些和更多的事物我無從言說－
你也知道的一種鬼祟姿態－
以及尼哥底母的祕密
接收其每年的回答！

——F# 90, 1859

　　另外，夏天也是蕈菇季節的開端。它們似乎會在一夜之間傾巢而出，這是狄金生曾注意到的特性。在她的年代，蕈菇被歸類為植物而非菌類。我們可以從如今的植物學中得知，蕈菇是很古老的物種，具有廣大的地下網絡，就像人數眾多的大家庭一樣。有鑑於蕈菇是大型植物的生殖器官，所以盯著蕈菇看這個舉動帶有一點情欲的意味。

　　而對狄金生而言，蕈菇是一種娛樂、是一種魔法：

蕈菇是植物界的精靈－
傍晚時它不在
清晨時，在矮胖的小屋內

它定點停駐

宛如它一直滯留
但它的一生
比蛇耽擱的時間還短
比稗子還迅捷－

它是草木中的魔術師－
是不在場證明的喜樂
宛如泡沫的提前
也宛如泡沫的匆促

我覺得青草似乎很滿意
它就此離去－
這種夏季的慎重的
祕密的後裔。

若大自然中有任何善變的面孔－
又或者她有鄙夷的對象－
若大自然中有變節者－
蕈菇－必定是他！

——擷取自 F# 1350, 1874

最後，溼地的睡蓮百花齊放。睡蓮是一種古老且原始的植物，從來沒有遠離過它們誕生的沼澤。艾蜜莉‧狄金生的同學曾說維妮是「池塘睡蓮（Pond Lily）」，艾蜜莉反駁說：「那我就是萍蓬草（Cow Lily）。」雖然這兩種植物都來自同一科，但它們就像出自同源的狄金生姊妹一樣，彼此截然不同。

🦋 「植物界的精靈」；歐拉‧懷特‧希區考克繪製。

池塘睡蓮的外表華麗，潔白的花朵可以達到 6 吋那麼大；歐亞萍蓬草（Nuphar advena）則低調得多，蠟質的黃色小花總是藏在池塘、湖泊與流速緩慢的小溪中較淺的位置。這兩種植物都具有長根，以便將植株固定在淤泥中。

真的會有所謂的「早晨」嗎？
確實有所謂的「白日」嗎？
我能從山巒那裡看見嗎
若我和它們一樣高？

它如睡蓮有腳嗎？
它如鳥有羽毛嗎？
它是我從未聽過的
那些知名國度帶來的嗎？

喔學者們！喔水手們！
喔來自天空的智者們！
請告訴這位渺小的朝聖者
被稱做「早晨」的地方在何方！
　　　　——F# 148, 1860

　　安默斯特即將步入暮夏，結霜的日子依舊距離遙遠。

Late Summer

－ 暮夏 －

樹籬之隔

　　將近 40 歲時，艾蜜莉 · 狄金生逐漸隱居不出；這是一段自發性的緩慢過程。與其說是悲劇發展，不如說是獨一無二的事件，狄金生自詡為「房子與花園的巴波亞」（譯註：巴波亞，Vasco Núñez de Balboa，16 世紀的歐洲探險家）。對於只在內陸活動的這位巴波亞而言，花園是個安全港灣。或許，植物總是能欣然接受古怪的癖性：

我還沒告訴我的花園－
以免我精神崩潰。
現今我還沒有足夠的力量
向蜜蜂坦承－

我不會在街上提及
因為商店的人會凝視我－
如此羞怯－如此無知
竟然厚顏大膽地死去。

千萬不可讓山坡知道－
我曾經在那裏常漫遊－

也不要告訴親切的森林
我會走的那一天－

別在吃飯時含糊談起－
也別在路上脫口而出
暗示人家將會在今日
走入大謎團－

——F# 40, 1858

1869 年，艾蜜莉・狄金生寫了一封信給一位紳士：她必須拒絕對方請她到波士頓參加文學晚會的邀約，但又希望能見對方一面。「如果你方便舟車勞頓到安默斯特這麼遠的地方來，我一定會非常開心。」她寫道，接著又補充說：「但我不會離開我父親的土地，去別人家中或城鎮。」

❦ 狄金生不再為了「去別人家或到城鎮中」而跨出這片土地。

這封信的收件者是湯姆士・溫特沃斯・希根森（Thomas Wentworth Higginson），在往後幾年，他將會在狄金生的出版編年史中，扮演非常關鍵的角色。希根森是個多才多藝的男人，既是基督教神位一體派（Unitarian）的牧師、植物學家與女權主義者，也是狄金生家訂閱的新雜誌《大西洋月刊》的定期撰稿作者。他的文章包含了許多主題：自然、花朵以及 1862 年 4 月發表的一篇散文〈致年輕撰稿者的一封信〉（Letter to a Young Contributor），他在文章中向潛在的作家提供了一些

建議。這篇文章牽引狄金生做出了異乎尋常的反應。她寄了一封信，並附上四首詩，問道：「你會不會太過忙碌，無暇告知我的詩是否具有生命？」這是她寫給希根森的 71 封信中的第一封。而後，希根森如她所期望的那樣成為了她的導師，她後來說希根森是她的「指導教授」（Preceptor）。

希根森的確找到時間「舟車勞頓到安默斯特這麼遠的地方」，那是 1870 年，距離他們初次通信已將近十年的時間，也是狄金生提出邀請的一年之後。

在 8 月某個週二的溫暖下午，希根森在狄金生家的前起居室等待。他在信中向妻子描述這段經歷。「這是一棟屬於鄉村律師的磚造棕色大房子，有高大的樹木和一座花園——我給出了我的拜訪

狄金生的導師湯姆士・溫特沃斯・希根森；此圖的希根森比他們相遇時更年長一些。

卡。」他寫道，「起居室幽暗、涼爽而嚴謹，放了幾本書、一些雕刻作品和一臺打開的鋼琴。」在等待的期間，他匆匆審閱了書櫃，並像所有作家一樣，在發現了幾本自己寫的書之後感到喜不自勝。接著，艾蜜莉・狄金生從門口進來了。

他在那天晚上寫給妻子的信中敘述道，這位詩人是一名嬌小的女性，留著一頭紅髮，臉色蒼白，身穿一件樣式簡單、「清雅、潔白的精織洋裝」，披著一條「梳毛紗藍色披巾」。狄金生在開局走的第一步令人驚異。「她走過來，給了我兩支檸檬萱草，用一種孩子氣的方式放進我手中，並說：『這就是我的自我介紹。』」他們聊了許久，那天晚上

初次見面就送「檸檬萱草」是個大膽的選擇;海倫・夏普繪製。

Liliaceae
Hemerocallis Day-Lily.
fulva, L. Common Day-Lily.

他再次拜訪狄金生，兩人又談了很長的一段時間。他在信件結尾對狄金生的強烈情緒做了總結：「我從來沒遇過任何人能像這樣，耗盡我的精神力量。」

狄金生之所以用檸檬萱草進行自我介紹，有可能是因為當時這些橘紅色的花朵正好盛開，也有可能她是在用花語溝通。她曾寫道：「我要謝謝花朵中的小表親，它們沒有嘴巴，卻擁有語言。」花朵的語言種類繁多，在運用花朵交換訊息時，擁有同一種字典是很重要的一件事。在其中一本字典中，檸檬萱草代表調情，而在另一本的意思則是美麗。她應該不太可能是在用檸

❀ 老派「品種」萱草在家宅的花園中盛開。

檬萱草煽動已婚的希根森先生。但這種事誰也說不准。

有時，艾蜜莉·狄金生似乎比較喜歡花朵的聲音，更勝過人類的語言。她曾在寫給希根森的信中寫道：「你知道的，我來自田野，和蒲公英相處讓我覺得如同待在家中一樣自在，但待在客廳卻使我感到可悲。」她和她的狗狗卡羅一起四處漫遊，避免任何偶遇，她比較想見到植物，而不是人類。正如她對希根森所描述的：

　　至於「男人和女人」——他們談論神聖的事物，音量極大，使我的狗狗感到窘迫——他和我都不會反對他們，前提是他們在自己那一邊過活。我覺得卡羅會討你喜歡——他愚笨，又勇敢——我想你會喜歡栗子樹，我在散步時遇到的那棵。我就這麼突然注意到它——我當時以為天空開花了。

🌿 上圖：穿過她父親的書房後，會看見通往溫室的屋內入口。

🌿 左圖：狄金生的「餐廳之外的花園」，1915 年拍攝。

雖然狄金生閃避社交場合，但她無論在室內或室外的花園都感到自在舒適。她的父親改建家宅磚造房屋時，另外添加了一間溫室；那裡變成了狄金生的領地。木匠與石匠把這間溫室與主屋的東南角連接在一起，建造在外牆之外，包圍住餐廳的窗戶，狄金生把這裡稱做她的「餐廳之外的花園」。這間小溫室只有 6 呎寬、17 呎長，可以被動地接受來自主屋的熱氣。

把餐廳的窗戶打開後，富蘭克林火爐散發的熱氣就足以擴散至整座溫室，避免植物凍死。白色的架子橫越餐廳窗戶。溫室面向南方的牆壁被三扇雙層的落地玻璃窗占滿。裡面有兩扇玻璃門：一扇是通向花園的石梯，另一扇則是通往大街的柵欄門。

艾蜜莉‧狄金生和許多維多利亞時代的優秀人士一樣，在談到蒐集植物時就像喜鵲般，但她有一定的標準。「她完全不能忍受常見的雜交室內植物。」她的姪女後來回憶道。「或許會有少見的腥紅色百合和復活海芋——這裡的夏天總有從吊籃裡的酢漿草飄出之微香，就像是家人或來訪者頭上散發的家常薰香。」

狄金生在一封寫給表親的信件中，列出溫室中的植物：

在餐廳之外的花園裡，有番紅花長出來了……還有吊鐘花，貓咪會去抓它，誤以為那是草莓。我們還有報春花——就像冬天的最後一個音符送來的小裝飾——有長滿窗臺的香水草，是山青色的那種——有茉莉花花苞，你知道那種像是盧賓的淺淡香氣——有嫣紅色的吉利花、木樨草和許多香雪球，還有香石竹花苞。（註：盧賓〔Lubin〕是法國知名的香水製造商。）

溫室能使人愉悅，但也需要一定的勞動。植物需要照料：修剪、

移植和定植。園丁在這裡創造出沙漠與叢林交會的怪異世界：仙人掌需要乾旱、蕨類需要潮濕。有時狄金生會用《湯姆歷險記》的方法完成澆水的工作。「她讓我進入她的小溫室替她的植物澆水：梔子花、香水草和蕨類，」她的姪女寫道，「用小小澆水壺那支像是昆蟲觸角的細長壺嘴，向上觸及比較高的架子；這個澆水壺是她父親在靈光乍現後替她製作的。」

狄金生室內花園裡的明亮光線，通知植物們該長花苞了。她曾在把溫室的收成分享給朋友時寫道：「我寄給你的是室內毛茛花，因為室外的毛茛現在還茫然不知所措。」她的室內植物是變化多端、具有異國情調的和稀奇古怪的：

我為你照料我的花朵－
開朗的缺席者！
我那吊鐘花的珊瑚色細縫
綻開時－種植者－正入夢－

天竺葵－著色－出現斑點－
矮雛菊－點畫－
我的仙人掌－裂開她的鬍子－
展現她的喉頭－

香石竹－落下它們的香氣－
而蜜蜂－拾起－
我藏起的－一株風信子－
探出一顆蓬鬆的頭顱－
而芬芳落下
從水瓶中－如此微小－

你驚嘆它們如何能容納－

球狀玫瑰－裂開它們似緞的薄瓣－
落在我的花園底－
然而－你－不在那裡－
我寧願它們－
再也－沒有緋紅－

——擷取自 F# 367, 1862

　　溫室的狹小空間使花朵的香氣更加集中。「我的花朵近在咫尺又異國。」她在 3 月初寫給朋友伊莉莎白·霍蘭德（Elizabeth Holland）的信中陳述，「我只要走過地板就置身在香料群島中。今天的風充滿歡愉，藍松鴉像凱利藍梗犬一樣叫個不停。」

　　雖然溫室是艾蜜莉的領土，但她樂於分享。「維妮對於自己負責的任務、她的小貓和她的小花感到很開心，因為雖然室內的小花園非常小，但充滿歡笑。裡面有看似充滿巫術暗示的腥紅色石竹，還有我很確定大有可為的風信子。」狄金生姊妹也同時共享外面的花園，這件事令人不禁好奇，她們是否總是意見一致。在維妮這方面，「她的花朵總是隨心所欲：欺壓她、從自己的花床跳進別人的花床裡、只要開花就不會被責備或移動；鮮活的花朵……對於拉維妮亞來說，比任何死板的園藝原則還重要。」拉維妮亞·狄金生似乎是個實施自由放任主義的園丁。

　　在姊姊變得越來越孤僻的期間，維妮成為了她在安默斯特的代表。她替艾蜜莉和狄金生家親近交友圈之外的人交涉商業事宜。她指示花園中的工人，並徵用必需用品。因為有拉維妮亞下達命令與支付款項，她

的姊姊才得以保有必要的隱私。

維妮也負責處理與花園相關的要求，安排要送去葬禮和婚禮的花，並提供當地女孩參加舞會時需要的花束。你經常會在花園中看到她。過去曾有一位紳士在花園見過她。她後來對姪女描述這個偶然事件：「我穿著最破舊的衣服——頭戴我最糟的一頂帽子、像吉普賽人一樣把披肩下擺綁在腰上——只有我的手套為我挽回了一點名聲；但我還是請他坐在詹姆斯的手推車上，希望他寧願坐在這裡，而非客廳。」我們能藉此一窺拉維妮亞的園藝方法，認識這位協助艾蜜莉完成繁重工作的園丁。

園丁必須仔細且勤奮地照顧溫室植物，才能使它們欣欣向榮。

重瓣梔子花
（Gardenia jasminoides 'Veitchii'）

狄金生會藉由送朋友一整束重瓣梔子花（又稱做山梔花），來標誌特殊事件。她的姪女稱之爲「經過加冕的關注」。雖然梔子花有時是種變化無常的植物，但狄金生顯然願意接受挑戰。

在狀況最佳的時候，梔子花閃閃發亮的葉子與熱情的白色花朵，非常漂亮，就算給皇族使用也恰如其分。

瑞香（Daphne odora）

從這種植物充滿香氣的名字就能知道，瑞香最爲人稱道的就是它的芬芳。

對古人來說，瑞香（Daphne，達芙妮）是水泉女神，她被阿波羅追求，而爲了避開這段她不想要的求愛，她變成了一株灌木。

在湯姆士・溫特沃斯・希根森於1873 年第二次拜訪狄金生家時，艾蜜莉拿著一枝瑞香優雅地走進屋內。

吊鐘花（Fuchsia hybrida）

狄金生種植的這株植物，是以 16世紀的德國醫學教授里昂哈特・福克斯（Leonhart Fuchs）命名的，他是第一個以植物學角度描述這種植物的人。

吊鐘花來自南太平洋、中美、南美與加勒比海地區。粉色、紅色與紫色的鐘狀花掛在枝條上，是懸掛在溫室層架邊緣的最佳選擇。事實上，就算維妮的貓沒有跑過來啃咬，修剪對這種植物而言也一樣有好處。摘下柔嫩的新芽能促使植株長出更長的新生枝條，開出更繁密的花朵。

「貓咪會去抓」的吊鐘花。

夾竹桃（Nerium oleander）

如果狄金生寫過謀殺懸疑小說的話，她絕對可以把這種植物用作主要元素，因爲夾竹桃的每一個部位都有毒。但如果忽略毒素這個特質，它其實是一種可愛的溫室植物，也是一種適合北方氣候的脆弱一年生物種。

夾竹桃的葉子翠綠光滑，枝條末端會開出一簇簇羽毛般柔軟的粉色花朵。狄金生家會在夏天時，把夾竹桃盆栽移到露天門廊上。

酢漿草（Oxalis）

許多品種的酢漿草都被園丁種來作為觀賞用植物，其中有六種是麻州原生物種。酢漿草的花朵是五瓣花，產量豐富，依照品種不同有白色、嫣紅色、杏色和黃色等顏色。

酢漿草也是可食用的植物，味道偏酸，它就像大黃（rhubarb）和菠菜一樣富含草酸。

❀ 種植在狄金生溫室的三角紫葉酢漿草（Oxalis triangularis）。

🌿 年輕又精神奕奕的奧斯丁‧狄金生（左）與蘇珊
‧吉伯特‧狄金生，也就是「蘇珊嫂嫂」（右）。

　　狄金生家有三位喜愛園藝的姊妹。奧斯丁在 1856 年結婚後，艾蜜
莉寫了一首詩，開頭是：「我在我們家有一位妹妹——樹籬之隔有一位
姊姊。」她以樹籬寬度做為距離隱喻的那位姊姊，是她的嫂嫂，蘇珊‧
吉伯特‧狄金生（Susan Gilbert Dickinson）。她是狄金生家三兄妹認識
很久的朋友。艾蜜莉在 1852 年寫信給蘇珊，評論說：「我現在必須出
去花園責打那株皇冠貝母，因為它放肆地抬起了頭，等到你回家我才會
停止。」這是一種帶有皇室象徵的比喻，因為皇冠貝母這種植物高達 3
呎，頂端是鮮紅色或黃色的花。

　　從艾蜜莉的臥室窗戶往西邊望去，就能看到奧斯丁和蘇珊位於隔
壁的美麗家園：常青之屋（Evergreens）。這對伴侶在結婚之前曾考慮
要搬到美國中西部，在蘇珊哥哥定居的密西根州附近建立家庭。這種對

於「西進」的渴望，是當時十分流行的西向熱潮。在伊利運河打通富饒的俄亥俄河峽谷之後的數十年間，新英格蘭郊區的農人紛紛放棄充滿丘陵與石塊的連綿土地，去尋找更平坦、更青翠的牧地和深厚的草原土。而隨著農業人口往西走，商人與專家也紛紛跟進。

🌿 皇冠貝母是一種引人注目的花朵。

愛德華‧狄金生並不熱衷於西進，他誘勸奧斯丁和蘇珊留下來。他在他們面前掛上兩根紅蘿蔔：他會讓奧斯丁成為法律事務所的合夥人，並在他名下一塊毗鄰的土地上替他們蓋一棟房子，風格由他們決定。兩棟房子之間的那條走道，代表的是人生選擇與交易談判。

🌿 晚期的常青之屋，約 1920 年拍攝。

奧斯丁夫婦決定要蓋一棟好到足以帶人進去參觀的房子。他們這棟「小房子」是當時蔚為流行的義大利風格建築。從房子的方形塔樓可以遠眺安默斯特的地景，還能鳥瞰他們自己的花園。他們拿蘇珊哥哥提供的嫁妝、用最流行的方式裝飾房子。他們把房子取名為「常青之屋」；這個名字反映出他們對於園藝的興趣。

屋外一道嶄新而優雅的柵欄，定義了狄金生家彼此混和的房產。

在家宅和常青之屋前面的柵欄之間，有供人進出的柵欄門，以及供馬、馬車和貨車進出的柵欄門。對愛德華‧狄金生來說，沒關上柵欄門是一項不法行為，奧斯丁也和他父親有同感。如果鄰居的男孩忘記關門的話，他「幾乎必定會聽見從遠處傳來的一道宏亮聲音，用不算溫和的語調說道：『孩子，把門關上。』」奧斯丁‧狄金生想必是從花園或露天門廊看到他了。

除了加裝柵欄之外，狄金生家也在 1865 年春季種下了第一排鐵杉樹籬。艾蜜莉當時和表親一起住在波士頓，她寫信寄回家給維妮說：「我希望煙囪處理好了，鐵杉樹籬也安排好了，前庭的兩顆牙齒也做好了──到時候我一定會很震驚。」「兩顆牙齒」是指連接前庭走道，位在大門入口兩側的裝飾用尖頂石柱。

愛德華和奧斯丁親自指揮工人，確保樹籬排列得絕對筆直。鐵杉（Tsuga canadensis）是十分明智的選擇。它是安默斯特地區的原生物種，能在高大闊葉樹的陰影下成長，也能靠著修剪改變形狀。狄金生家的樹籬像一隻綠色手臂，包圍著他們的家園，成為五顏六色植物的深色背景：

> 紅色的小姐，在丘陵中
> 她每年的祕密皆緊守！
> 白色的小姐，在田野裡
> 於寧靜的百合中沉睡！
>
> 整潔的微風，拿著它們的掃把
> 掃過山谷，和丘陵，和樹木！
> 懇求你，我美麗的主婦們！
> 是誰要來這裡？

鄰居還沒起疑！
樹木彼此交換微笑！
果樹，和毛茛，和鳥－
不久後！

然而，風景卻佇立不動！
樹籬也如此平靜！
好像「復活」
也沒什麼好奇怪！

——F# 137, 1860

🦋 奧斯丁和蘇珊的長子後來描述這條
路「寬度只能容納一對愛人」。

兩棟房子之間的小路時常有人經過，而艾蜜莉是常青之屋的常客。「在這裡時，她會趁著氣氛合適的時候輕快地走向鋼琴，雷霆萬鈞地彈奏她自己作的一首曲，她開玩笑地替這首曲子取了一個很適合的名字，叫做『惡魔』。」她的一位同輩回憶道。無論白天或夜晚她都會造訪這裡。「當她父親提著燈走過來看她是否安全回家的時候，她會躲過他的視線，迅速穿越黑暗的庭院，比他早一步回到家。」夜裡的安默斯特很暗，只有時圓時缺的月亮照明。

若在白天時於常青之屋周圍

🌿 奧斯丁・狄金生和蘇珊・狄金生的「常青之屋」，是安默斯特第一間被取名的房子。

漫步，你看見的會是 19 世紀中期至末期流行的造景。花園向來會受到當代風潮影響，而常青之屋的花園是浪漫風格與如畫風格（picturesque style）。從主街通往前門的是石梯和兩階平臺，兩側是大量的杜鵑花和英國山楂。弧形的花圃中種滿了灌木。放眼望去全都是樹木和叢灌，無論從門口、窗戶或大門都能看見這片令人心曠神怡的景象。

🌿 狄金生家宅前的柵欄和樹籬。

室內與室外的邊界模糊。奧斯丁和蘇珊在房子西側設計了一個門廊，中間是一株老蘋果樹，所以在屋頂留一個開口給蘋果樹多瘤的枝椏穿過。一株藤蔓植物攀爬至上方，沿著門廊的屋簷垂掛鮮花和綠葉。在草坪上有另一株蘋果樹，他們把這棵樹當成一座有生命力的涼亭。若想要坐上這個涼亭天然形成的座位（那座位

距離地面有 6 呎高），必須爬上木製踏梯。他們另外在草坪上放了幾張長椅，不但增添趣味，也讓人有更多位置能休息與欣賞花園。艾蜜莉想必很開心他們做了這樣的改造。

奧斯丁花了很多餘暇時間在花園中，幾乎可以算是園藝學的老手。他十分關注花園造景的潮流，其中包括了提倡「如畫風格」的安德魯・傑克森・道寧（Andrew Jackson Downing）所寫的文章。奧斯丁在裝飾常青之屋的兩側時，種植了好幾排杜鵑花。他在外出時蒐集蕨類，而在常青之屋的庇蔭下生生不息的其中一個品種，是皇家蕨（Osmunda regalis）。

這個品種是蕨類世界中的高貴皇族，由於它的原棲地是安默斯特附近更潮濕的地點，所以它不可能是自己長到常青之屋來的。皇家蕨就像植物世界中的其他物種一樣，在住進狄金生家這個新居住地之後開始自我調節，適應了這裡的環境。

奧斯丁和蘇珊的關係很好，十分享受新家的各種消遣。他們也歡迎客人在花開時節到訪，尤其是杜鵑花和木蘭的花季。

曾在這裡用過餐的有哈莉特・比徹・斯托（Harriet Beecher Stowe），還有愛默生，以及當時的知名作家法蘭西絲・霍奇森・伯內特（Frances Hodgson Burnett）也曾於 1880 年來此用餐過，她後來出版了《祕密花園》（*The Secret Garden*）一書。伯內特在日記中寫道，艾蜜莉・狄金生在午餐期間把「一首奇怪又美妙的小詩」放在一個鋪滿三色堇的碗裡送給她。

其他客人，還包括了當時已名聞遐邇的紐約中央公園設計師佛得瑞克・洛・歐姆斯德（Frederick Law Olmsted）和卡爾福特・沃克斯

（Calvert Vaux）。狄金生一家曾多次在常青之屋招待他們，提供蘇珊的講究菜肴供他們享用。蘇珊回憶著男人們一起談論了許多關於景觀可能性和植物生長習性與型態；談論的細節非常詳盡，彷彿該物種在談話間都活了起來。在某天的晚餐桌上，他們談起了某一株藍葉雲杉：「男人們一起離開餐桌，到庭院邊緣地帶去觀察它。20分鐘回來之後，依然沉浸在這個話題中，一點也不在意他們中斷了用餐。」沃克斯在他的著作《莊園與小屋》（*Villas and Cottages*）上簽了名寄給蘇珊。

在澳洲受訓的中央公園植物管理負責人伊格納茲・皮拉特（Ignatz Pilat）也造訪過狄金生家，並在那裡住了幾天。皮拉特陪著他們去哈德利的沃納山（Mount Warner）遠足。期間他挖起一株蕨類，給蘇珊看了其在根與芽的截面上清晰可見的雙頭鷹圖樣。

在妹妹艾蜜莉為了花園、植物標本冊和溫室蒐集植物時，奧斯丁・狄金生把精力投注在更大的園藝規模上。他種植樹木，不尋常的樹木。他就像當時的許多紳士一樣，把自己的房產視作某種形式的植物園。所有人都認為他創造的庭園非常美麗。

蘇珊在花壇邊緣增添花朵，在靠近屋子的西側斜坡建造低矮溫室。在她的其中一個花床上，一朵名叫「巴爾的摩美人」的玫瑰，在6月伸出開滿淺粉色花簇的枝條，在秋天結出亮橘色的果實。她在玫瑰花叢底下種植紫色香水草和葉片蒼綠柔軟的芬芳天竺葵。

蘇珊是才華洋溢的花藝師，她製作桌上的插花與紳士別在翻領扣孔上的裝飾花束。她也為自己的菜餚收成。她在描述5月的一場午餐會時寫道：「來自我們家花園和溫床的新鮮蘆筍和沙拉，很適合做為午餐宴會的開胃小點。桌子中央放滿五月花，明亮的陽光從每扇窗戶往室內凝望，似乎想要和室內對話激起的火花一較高下。」我們無從得知她摘取的蘆筍是來自她自己的花園，或是來自隔壁的農舍。

🌿 蘇珊‧狄金生製作來別在鈕釦上的花束，或許看
起來像這樣；歐拉‧懷特‧希區考克繪製。

在兩棟房之間那一排針葉樹的映襯下，蘇珊種了一整片蜀葵。到了暮夏，蜀葵花莖會長得比奧斯丁還要高，從上到下都長滿了盛開的單瓣花。孩子們最喜歡用這些花朵製作洋娃娃：把花朵倒過來，花瓣看起來就像是鮮豔的裙子。蜀葵在花期結束後便會脫下它們的裙子。「蜀葵把衣服四處亂丟，我現在忙著把花莖和雄蕊撿起來。」狄金生曾寫道。隨著家庭成員逐漸增加，或許她也幫忙在常青之屋撿起真正的衣服。

狄金生寫信給一位朋友，描述了她在狄金生家園中遇到的一個插曲：「蘇珊——拉著載有小男孩的嬰兒車——宜人的日子——卡羅走在後面，伴隨著——各來自常青之屋與家宅的一隻貓——看到這麼小的孩子在奧斯丁家門外，真是太有趣了。」

在這之後蘇珊又生了兩個孩子，他們的聲音使得花園變得多彩多姿。奧斯丁和蘇珊共有三個孩子：1861 年出生的愛德華（Edward）、1866 年出生的瑪莎，和相隔許久之後在 1875 年出生的吉伯特（Gilbert）。他們的暱稱是奈德（Ned）、瑪蒂和吉伯（Gib）。這是一群平凡而喧鬧的孩子，他們是姑姑的喜悅泉源。

奈德偶爾會去附近的果園偷水果。狄金生從隔壁寄了一封信給他。「我們全都聽說了那個男孩的事，他父親的果園結實纍纍，但他的體質使他非得偷水果不可。」她如此提醒他，但接著又補充說：「在這種違法行為中，有一種節儉的意味。」排行第二的瑪蒂有時會把上教堂的時間，用來和艾蜜莉姑姑一起待在溫室或花園。老么吉伯曾因為有事相求而跑到狄金生的家去，但卻發現姑姑在睡覺。她醒來後前往常青之屋，回覆吉伯：「艾蜜莉姑姑現在醒了，她把小植物從格架上拿下來，一路帶到這裡，讓吉伯特拿去給他的老師——晚安了——艾蜜莉姑姑要繼續

睡覺了。」沒有任何事物能像孩子一樣使花園充滿生氣。

一封封短箋在兩棟房子之間往返。狄金生家的工人提摩西（Timothy）常拿著一桶桶上面還布滿泡沫的牛奶，從農舍的乳牛那裡直接走去常青之屋。孩子們總是期待地看著他走過來，直到母親允許他們前去迎接。艾蜜莉姑姑有沒有順道捎什麼東西過來呢？瑪蒂很開心地回憶道：

最常見的就是紙盒，我們從提姆手上接過紙盒時，他會說：「這是艾蜜莉小姐給的。」盒子裡面可能裝著三個小小的、心形的糖霜蛋糕，或是她做的巧克力太妃糖——最上面會有花朵，有可能是香水草、紅色百合或重瓣梔子花——最下面總是要給我們母親的短箋或詩。

鄰居的孩子也會加入奈德、瑪蒂和吉伯的行列，在兩棟房子周圍玩耍。在長大後回憶起來時，他們都還記得當時的花園、果樹和附屬建築，都非常適合小孩玩吉普賽營地或海盜冒險。他們全都認識艾蜜莉小姐。其中一個孩子麥奎格·詹金斯（MacGregor Jenkins）在長大後回憶道：「她遇到我們時並不害怕……她是個優秀的玩伴，也是傑出的朋友。她總是笑容靈動、眼神雀躍，每當我們在她身邊，她總是能立刻使我們感到樂不可支。」

艾蜜莉小姐很清楚要如何款待左鄰右舍的孩子們。她在樹籬內的指定郵局中和那些有時是海盜、有時是吉普賽人的孩子交換祕密訊息。她會從臥室窗戶邊放下裝了薑餅的籃子。他們會在裡面放雛菊或三葉草做為回報。「我們都知道她最喜歡哪些東西，」詹金斯回憶道，「我們四處尋找早開的野花、火紅的樹葉、晶亮的石頭、落在地上的閃亮鳥羽，把這些東西給她。我們都很確定她很喜歡這種禮物，也很喜歡送禮

這件事情本身。」雖然狄金生放棄了為野花外出散步，但依然有使者會帶寶物回來送她。

她對孩子來說想必是個奇妙的謎。「她喜歡全神貫注地站著，好像在傾聽某種非常微弱、非常遙遠的聲音一樣。」詹金斯寫道。「我們這些孩子常看到她在黃昏時站在廚房的窗前，她的視線穿越遠方的樹木，看向西方的天空——她後仰著小小的、驕傲的頭顱，雙眼圓睜，在身前戲劇性地舉著一隻手。」

狄金生對一些小女孩寫下了一首園藝童話：

應該是哪一個，天竺葵還是薄荷？
天空中的蝴蝶沒有名字
沒有要繳的稅也沒有房子
就像你我一樣高，並且更高，我如此相信
那麼遨翔遠去永遠不要嘆息
因為那正是傷心的方式。
——F# 1559,1881

夏季到了。漫長的白晝延伸至日落，蝴蝶迂迴飛行，天竺葵在她的花園中怒放。

艾蜜莉·狄金生花園中的暮夏

「舊約的天氣」

花園中的熱氣自有其風采。8月時，水星常潛伏在北方日心經度90的位置。潮濕沉重的空氣似乎使得萬事萬物都慢了下來。如今是人

們俗稱「犬日」（dog days）的三伏天，這個俗名來自「犬星」，也就是天狼星（Sirius the Dog Star），在其影響下，熱氣搖著尾巴或把舌頭吐在嘴邊。

狄金生似乎很欣賞這個時節，不過花園和她的妹妹都與她抱持不同觀點：「近幾天很熱，雜草像夏季的中心一樣不斷跳動。人們都說玉米喜歡這種天氣。我覺得除了玉米外還有別人。我被深深地迷住了！維妮搖動她的花園，抱怨說上帝不願幫助她。」下午有時會有雷雨雲出現，釋放他們野蠻的能量：

風開始晃動青草
以低沉又威脅的曲調─
他恐嚇大地─
也恐嚇天空─
葉子自行從樹上鬆脫
開始四處流離─
塵土像雙手一樣掏空自己
扔去道路─
貨車在路上疾行
雷聲趕緊放慢速度─
閃電露出黃色的喙─
再露出憤怒的爪─
群鳥關起牠們窩巢鐵窗─
牛群聚集到牛棚─
接著第一滴豪雨來到─
好像有雙手原本
攔住水壩，如今鬆開，
雨水毀滅天空，

> 但忽略了我父親的房子－
> 只拆解了一棵樹－
>
> ——F# 796, 1864

　　儘管如此，乾旱期依然不算少見。狄金生記錄了乾旱對植物的影響。「我們沉浸在迷人的乾旱中。」她寫道。「草變成了淺棕色，至於大自然的其他部分會從原本的顏色轉變成什麼樣子，我們光靠想像就能知道了。」身為園丁暨詩人，她可以接受極端的氣候。而她在另一天沉溺於隱喻之中：「今天乾渴而俊美，不過草是政治家鞋子的顏色，只有蝴蝶臨危不亂。」狄金生也同樣臨危不亂。

　　是時候該進花園澆水了。

　　這是灑水系統和水槍尚未問世的年代，狄金生用的是老派的澆水方法。8 月某天，她記錄道：「維妮和錫製品小販買了東西——幾個我能用來為天竺葵澆水的水罐。」她可以在穀倉後不遠處的一口水井裝水：

> 一口井竟然充滿奧祕！
> 水住得如此之深－
> 一個從彼鄉來的鄰居
> 安身在一只缸
>
> 其缸底無人能見，
> 只能看到他的鏡面－
> 你每一興起探望
> 就好像望進一深淵的臉！
>
> 草並不顯露驚懼之色，
> 我常困惑他

何以能臨深淵泰然而處
我一靠近就驚懼萬般。

他們或許有一些關係，
就如菅茅近立於海－
底下是無底的深淵
卻無畏縮之色。

不過自然仍是陌生人；
最常說她的人
是那些從未走過其鬼宅
也未能通透其鬼魂者。

憐憫那些不懂自然的人
因為總不免有憾
那些懂她的人，越接近她
越對她感覺陌生。
　　　　——F# 1433, 1877

〔翻譯引用自《我是個無名小卒：艾蜜莉‧狄金生詩選 I》（木馬文化出版；
賴威傑 George W. Lytle、董恒秀譯）〕

　　蚊子也嗡嗡作響，把注意力全都集中在園丁裸露在外的皮膚上。
就算園丁用長袖和裙子裹住手腳，手腕和腳踝依然是最常見的目標。園
丁帽是必不可少的配件之一，目的是避免因曝曬而出現當時不流行的黝
黑皮膚。

夏季放下她簡單的帽子
在無邊無際的櫃子上－
不可見的絲帶落下－

你要自己繫緊它。

夏季放下她柔韌的手套
在充滿森林的抽屜裡－
無論在哪裡，或她曾否存在過－
使人敬畏之事－

————F# 1411, 1876

在狄金生家牧草原的潮溼地帶和附近溪流的岸邊，紅花六倍利盛開綻放成一片甜膩的、寶石般的紅色。在兩棟房子周圍種滿樹木的區域，春季短暫出現的花朵已退回至它們地底下的家。它們早早投入休眠的懷抱，躲開夏日的熱氣。但接著又有其他花出現了：白雪澤蘭和白木紫菀取代了春花的位置。

樹上的葉片顯得沉重，幾乎算得上是疲憊了；夏季的深綠正慢慢淡忘春季青翠的顏色。午後的風隱晦地出現了變動。雨雲堆積，天色暗沉下來，氣壓的轉變把葉子吹得翻轉過來。

葉子宛如女人，互換
機智的自信－
幾次點頭和幾次
凶兆般的推斷－

當事人在兩種情況下
叮囑要保密－
不容違背的條約
只留下惡名。

————F# 1098, 1865

✿ 紅花六倍利在暮夏綻放紅花;克萊麗莎‧
孟格‧貝嘉繪製。

主街對面的狄金生家牧草原自有一套「自負的結論」。艾蜜莉的兒時同伴如此描寫那片大草地：「當時，那裡還沒有被一棟棟房屋破壞……高高的青草中長滿了三葉草、毛茛和蕾絲花，它們全都在微風中輕輕晃動，這裡是蜜蜂、蝴蝶與長刺歌雀最喜歡出沒的地方。」那裡是授粉者的安身之地。

　　牧草原的雜草中有許多花朵，蝴蝶靠著攝食花朵中的花蜜過活。但到了暮夏，就是該除草的時候了──牧草原響起了霍霍的磨刀聲。狄金生可以從房子正面的窗戶看見工人揮動鐮刀或馬匹拖動割草器，留下一條條被切下的草葉，就像船尾留下的水波。風帶來了割草的氣味：

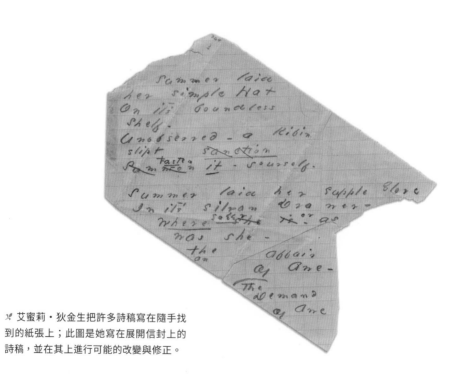

🦋 艾蜜莉・狄金生把許多詩稿寫在隨手找到的紙張上；此圖是她寫在展開信封上的詩稿，並在其上進行可能的改變與修正。

這陣風不來自果園－今天－
來自更遠－
也不停步與乾草玩耍－
不威嚇帽子－
他是個多變的傢伙－非常－
無庸置疑－

若他在門口留下芒刺
我們便知道他攀過一株冷杉－
但那株冷杉在哪裡－說呀－
你是否曾到過那裡？

如果他帶來三葉草的氣息－
那是屬於他的事－與我們無關－
是他曾伴隨割草人－
消磨時光
於乾草的甜美間歇－
他用這樣的方式－度過六月的一天－

如果他擲出沙土，和圓石－
小男孩的帽子－和草茬－
伴隨著偶爾出現的一座尖塔－
以及粗聲的「我說了，別擋路」，
誰會是留下來的傻瓜？
你會不會－說吧－
你會不會是留下來的傻瓜？
　　——F# 494, 1862

　　三葉草堆會被送進穀倉。狄金生的姪女、姪子和鄰居的小孩總是
認為爬上通往廄樓的梯子，再縱身撲進迄未芬芳的草堆，是他們不可剝

奪的權利：

青草無所事事－
一片單純的綠－
只要孵化，蝴蝶，
還有招待，蜜蜂－

它整天搖擺
跟著微風吹拂過來美麗的調子，
還抱起陽光，放在的腿上
向一切事物鞠躬，

整夜串著露珠，像串著珍珠，
讓自己多麼的優美
連公爵夫人，對它而言，太平常
不值得看一眼，

它就連死去時，也要散布
如此神聖的氣息－
宛如淺淡的香味，陷入沉睡－
或穗甘松逐漸凋萎－

接著在至高的穀倉中靜止，
在夢中度過日復一日，
青草無所事事，
但願我是一株乾草－
　　——F# 379, 1862

從廚房的門走出去時，狄金生抬眼看見的會是他們家「至高的」穀倉。裡面的空間寬敞，足以裝進一個磨輪、一間木製小屋、一輛黃色呢絨鑲邊的輕便馬車和一架雪撬。通常會有一至數位工人在工具儲藏間之上的二樓過夜。穀倉的中間極寬，能容納乾草棚和馬廄。西翼養了一頭乳牛、幾隻雞和一頭豬。這些動物能產出糞肥，使花園欣欣向榮。這是個熱氣蒸騰、氣味刺鼻的空間。

　　狄金生走在她暮夏的花園中，注意到這裡的「天氣像非洲，花朵像亞洲。」花園中的事物不只變得炎熱潮溼，甚至變得有些超出掌控了。花圃上爬滿了金蓮花。香水草和萬壽菊在炙熱的陽光下大量繁殖。滿天星擴展領地，在花園形成了一股瀰漫在其他植物之上的白色煙霧。她在寄給瑪莉‧鮑爾斯的一封信中嘆息道：「我有一株長得像無籽葡萄的天竺葵──蜂鳥飛下來時──天竺葵和我會闔上眼──遠走高飛。」

🌿 金蓮花在暮夏的熱氣中，大量繁衍。

　　開花的藤蔓探出枝椏、向上攀伸，它們是所有夏季花園中的特技演員，在狄金生的花園裡也不例外。豌豆的捲鬚彎彎曲曲地纏繞在細繩或藤架上。「我在豌豆間與黃鸝旁寫字，」狄金生描述，「我可以把手放在蝴蝶身上，但若我這麼做，他就會撤退了。」那些甜美芬芳的花朵已經準備好被採收了。

　　牽牛花在白晝綻放成喇叭的形狀，它寂靜無聲，和公雞截然不同。「如此華麗的清晨，」狄金生寫道，「就算對爬上了櫻桃樹的牽牛花來說也是如此。」她在一首早期的詩作中，以明喻描繪了生命短暫的牽牛花，並模仿了羅伯特‧伯恩斯（Robert Burns）的風格：

可憐的嬌小的心！
他們是不是忘了你？
那麼別在意！那麼別在意！

驕傲的嬌小的心！
他們是不是遺棄你？
請你無憂無慮！請你無憂無慮！

脆弱的嬌小的心！
我不會傷害你－
能否相信我？能否相信我？

快樂的嬌小的心！
就像牽牛花！
風和陽光－將妝點你！

——F# 214, 1861

　　狄金生一家人就像絕大多數的優秀園丁一樣，會把花園產出的收穫分享出去，並因此獲得回報。狄金生曾在夏天寫信給她的表妹露說：「我依你所說煮了對半切開的桃子，它們膨脹得美麗又多汁，嚐起來有如魔法。」在她和維妮一起照顧日漸年長的母親時，桃子和豌豆都是大有裨益的食物。「我們把豆子燉成美味的膏狀，『艾蜜莉姑姑』最喜歡喝了。她向來比較喜歡甜的湯水，遠勝過實在的食物。」無論是病人還是健康的人都喜歡當季的水果。

　　夏季中旬是出產莓果的時節。狄金生姊妹在較年輕時會和朋友一起外出摘莓果，從城鎮周圍長滿莓果的樹籬上摘採覆盆莓與黑莓。狄金生在一首詩中提起莓果，以真實與想像交錯的方式把莓果描述成藥：

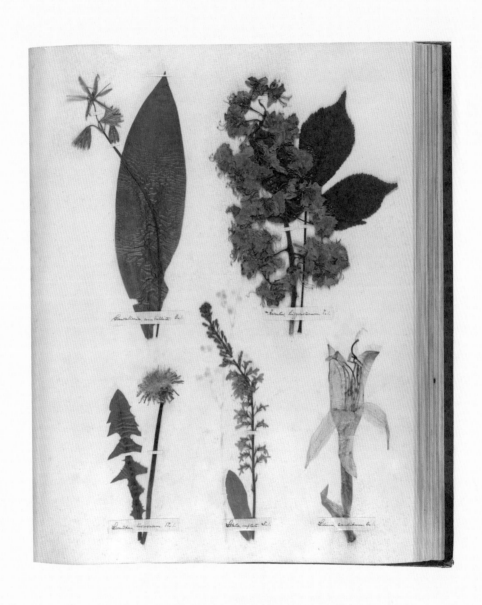

✿ 狄金生把尖頂的藍色六倍利，放在植物標本冊此頁的下方正中間。

你想要夏天嗎？嚐嚐我們的－
辛香料？在這裡－就買得到！
生病嗎！我們有莓果，安撫發燒！
疲憊嗎！一里又一里的羽絨！
困惑嗎！煩惱未曾來過的－紫羅蘭的莊園！
當俘虜嗎！我們帶來玫瑰的緩刑！
暈厥！一瓶瓶空氣！
就連死亡－也有巧妙的解藥－
不過，先生－需要哪一個？

——F# 272, 1862

　　狄金生花園裡的醋栗灌木叢十分多產。從維妮 7 月在日記寫下的
一份紀錄能看出一位農人要在多早開始工作。「清晨 4 點去摘醋栗。做
水果酒。」姊姊艾蜜莉顯然也提供了協助，她在隔週對奧斯丁吹噓說釀
出來的水果酒非常適合他。他們母親的烹飪食譜中包含醋栗酒的發酵方
法，是專門提供給「那些手中的醋栗比錢還多的人」所用。釀好的水果
酒還能用來當作原料。狄金生俏皮地對一位朋友說：「我今晚會做水果
酒凍，並在信上送你一杯，若信紙應允的話，有時布料是頑固的。」
（水果酒凍是 19 世紀的一種手作果凍。）

　　晚飯過後的傍晚時光，最適合在花園內健康地散散步。圓滾滾的
月亮從暮色中浮現，花朵發出熒光。雪亮的淺色花朵散發出豐華的香
氣，吸引夜晚的授粉者前來：蛾在夜間飛行，展開翅膀停憩在紫茉莉這
一類的芬芳花朵上；螢火蟲閃閃爍爍，夏夜的窗戶點著一支支蠟燭；蝙
蝠向低處俯衝；貓頭鷹發出了嗚嗚嗚叫。飛蛾、螢火蟲、蝙蝠、貓頭鷹，
狄金生把它們全都拿來當作詩的主題。

　　隨著夏日推進，花園裡的夜間音量逐漸增高，蟋蟀與蟬也加入了

Rosaceae
Rubus alleghaniensis Porter.

Taunton. August 26. 1907.

🌿 「能烤乾」的黑莓；海倫・夏普繪製。

打擊樂與頌唱反覆樂句的行列。但這些聲音意外地令人感到安心，這是適合睡眠的白噪音，是一場「不顯眼的彌撒」。

比鳥兒的夏歌來得晚－
那起自草叢裏的憂傷－
一個小國在頌望著
它不顯眼的彌撒。

聖餐禮看不到－
天恩是這般漸漸地轉化
它養成了憂傷的習慣
越發增長寂寥－

中午時分感覺洪荒古老－
當接近八月底
此幽靈聖歌忽焉升起
指向安息－

雖然天恩還猶存－
光輝上沒有皺紋，
但有個德魯伊教的差異
讓大自然此時微帶詭祕－

——F#895, 1865

〔翻譯引用自《我居住在可能裏：艾蜜莉·狄金生詩選 II》（木馬文化出版；賴威傑 George W. Lytle、董恒秀譯）〕

9 月的某天早晨，空氣轉變為涼爽，就像掛在曬衣繩上的棉被單一樣。花園跨越了通往秋天的門檻。

Autumn

－ 秋季 －

詩人的城鎮

　　1860年代，艾蜜莉‧狄金生的視力開始退化。對於身為作家、讀者與園丁的艾蜜莉而言，這件事想必使她驚恐萬分。近代的傳記作者認為她罹患的是虹膜炎，這種疾病會因為虹膜與水晶體沾黏而導致疼痛，並對光線極度敏感；而她的症狀嚴重到她願意脫離隱居狀態。

　　她曾兩度前往康橋長居，和芬妮（Fanny）與露（Loo）一起住在寄宿房屋，接受眼科醫師的定期治療。她是難民，總是思鄉，不過同時病徵也出現了穩定的改善。她寫信給蘇嘆息道：「要是能看到妳該有多棒——要是能看到青草、聽見風吹過果園中那條大路的聲音，該有多好——蘋果成熟了嗎——野雁飛越天空了嗎——妳有沒有留下睡蓮種子呢？」她好像離家有一整個板塊大陸那麼遠。

　　隨著病況漸趨穩定，她回到家裡，並寫信給露：「前幾週我什麼事都沒做，只忙著安撫我的植物，如今它們小小的、青綠的臉頰終於展露了微笑。」全心照顧植物本身就帶有療效。狄金生從這樣的行為中獲得慰藉。

　　她回到的安默斯特，那裡已是個喧鬧活躍的城市了。在她逐漸長

🎗 火車蜿蜒地穿越安默斯特學院，沿著西爾斯帽子工廠（Hills Hat Factory）前進，再從狄金生家宅牧草原的南邊通過。在 1860 年代，新倫敦北方鐵路（New London Northern Railroad）取得了這條路線。

大的數年間，城鎮也在慢慢發展。蓬勃發展的安默斯特和柏赤鎮鐵路（Belchertown Railroad）在 1850 年來到鎮上，鐵路穿越過主街，在家宅的東側邊，安默斯特透過這條嶄新的通道連結上更廣闊的世界，這件事有很大一部分都必須感謝艾蜜莉的父親所付出之努力。

　　從她祖父時代開始，安默斯特就在居民與大學生之間取得了平衡，狄金生一家人也是如此。愛德華·狄金生長期擔任安默斯特學院的財務主任，他很堅持每年都要依照傳統為高年級班級、班級教授與當地仕紳舉辦招待會。賓客會四散在花園各處，討論宗教、政治與戰爭新聞。艾蜜莉協助她的家人主持活動、上酒、上茶並與人談話，一直到她不再外

出社交許久後，其家人仍維持這樣的慣例。

　　城鎮不斷擴張，大學生的數量也逐年增加。安默斯特學院持續執行發展計畫：增加、擴充與更新學院的課程內容。佛得瑞克‧洛‧歐姆斯德（Frederick Law Olmsted）針對學院景觀寫了一篇報告給奧斯丁等學院理事。歐姆斯德讓學校師生在校園頂樓面向西方時，能看見山巒層疊的景色。

　　在奧斯丁的要求下，歐姆斯德也提出了改良周遭城鎮環境的建議。狄金生的法律事務所特別留意的一個地點是安默斯特的公園。當時的公園有一部分是溼地，其中有一區是現今的青蛙池塘。歐姆斯德上繳了一份草圖，上面有一塊由樹木圍繞

■ 安默斯特學院，狄金生祖孫三代投注一生熱情的地方。

成的寬闊半圓形範圍，要拿來當作公共空間。雖然他的設計本身並沒有實現，但奧斯丁‧狄金生和他的鄰居用「最維多利亞時代的方式」完成了他們的樹木種植計畫：一起創立了鄉村促進發展會社。

　　1857 年 10 月 5 日，奧斯丁和鎮上一群志趣相投的紳士一起組建了安默斯特觀賞樹木協會（Amherst Ornamental Tree Association）。奧斯丁曾接受過法律訓練，正好適合以執行委員會委員的身分，起草此協會的使命：

　　布置與裝飾公眾場所；在全鎮的各種有需要的公共走道上整地、鋪石與種植成排樹木，藉此帶來普遍的進步與點綴；並盡力以更有吸引力、更美麗的方式呈現我們鎮上的公共場所與道路。

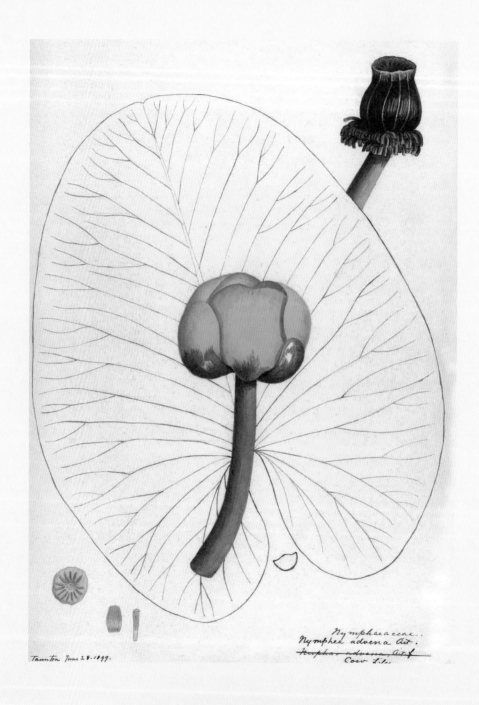

Taunton June 28. 1899.

Nymphaeaceae.
Nymphea advena Ait.
~~Nuphar advena Ait~~
Cow Lili

❧ 萍蓬草是安默斯特的原生種水生植物之一；海倫·夏普繪製。

樹木對城鎮有益。安默斯特的中央是整齊排列的幾座教堂和各式各樣的建築：波特伍德酒館、雜貨店、安默斯特公共中心，以及磚造建築組成的商業街區，這些街區的一樓是商店，樓上則是辦公室。艾蜜莉年輕時經常逛的市中心街道，有寬大的人行道，上面有欄杆能拴馬。從

1840 年的市中心版畫中能看出，早在那時路上就種了規律間隔的行道樹。早期的幾位城鎮規畫師在數間零售商店門口種下了這些樹。而安默斯特觀賞樹木協會，也跟著如法炮製。

🌿 1840 年代種在安默斯特市鎮中心的行道樹，與保護幼樹的護樹架。

奧斯丁會駕著馬車出門，讓他雇用的工人駕著貨車跟在後面。有時孩子們也會跟著一起去。他們一起調查城鎮周邊的荒涼地點，奧斯丁辨認植物物種，接著，工人們挖起樹苗或小型灌木：山月桂、白松木、小橡樹。他們在森林周邊的溼地找到白山茱萸和粉色杜鵑。接著，他們會帶著這些園藝戰利品回到鎮上。這些植物都是當地原生種，從定義上來說，也就代表它們耐寒並有很大的機率能成長茁壯。瑪蒂還記得：「我最喜歡《馬克白》（*Macbeth*）裡『伯南樹林（Birnam wood）來到當西林（Dunsinane）』的那段描述了。我也多次看到彼爾翰樹林（Pelham woods）來到安默斯特了，不是嗎？」

艾蜜莉‧狄金生無法見證這些樹木的聚集，實為一大遺憾，不過她很有可能以別的方法共享了這段經歷。從當時的相片看來，奧斯丁把一部分行道樹種在家宅。那個年代就像現在一樣，和樹木協會的成員關

係良好是一件有利的事。根據一個廣為人知的故事,她的哥哥在某天傍晚把她慫恿到常青之屋的庭院邊緣,去欣賞他為對街的公理會教堂安排的造景。

奧斯丁在初次設計教會造景時,引發了一些爭執。其中一名較保守的教區居民因為通往教堂門口的通道是彎曲的,而威脅要退出教區。「用非直線的路徑走向恩典的寶座,是羅馬天主教徒或異教徒才會做的事,非常愚蠢;甚至可能比愚蠢更糟。」但奧斯丁・狄金生的設計最後依然產生了很大的影響。

除了致力於美化城鎮周遭之外,安默斯特幾位富有開創精神的市民覺得「水療」能吸引更多訪客。位於城鎮東方兩哩的彼爾翰丘陵(Pelham Hill)一直以來都是當地人經常散步的地點(包括艾蜜莉・狄金生也曾在那裡採集過藤地莓);在 1860 年,那座丘陵上的水泉變成了一間新飯店的景點。

一年後,1861 年 7 月 6 日,《春田共和報》報導了那間療養度假飯店的一週年慶。飯店裡有愛國歌曲、銅管樂團、詩作和(必定會有的)演講。「對數個擁擠的晚餐桌發表演講的,是斯特恩斯博士(Dr. Stearns)和希區考克博士(Dr. Hitchcock)等學校教職員,還有愛德華・狄金生等當地紳士……希區考克博士在演說時將山脈與泉水命名為『海金』(Hygean),將飯店命名為『珍珠』。」

度假飯店的泉水也來到了狄金生家的花園,至少在比喻層面上是如此。艾蜜莉在某年秋天提及她的非洲鳳仙花(Impatiens walleriana):「凱特姑姑和鳳仙花如今都離開了花園,留下我獨自回憶他們帶給我的甜美陪伴——至於我,我想我的陪伴已經沒有過去幾年那麼充滿活力

了——或許彼爾翰泉使他們高貴的胃口感到太過震驚了。」無論她是在闡述事實或開玩笑，狄金生都很清楚水有哪些功效。

另一個吸引人們來到這座小鎮的誘因，是年度畜牧展（Cattle Show），主辦單位是東漢普夏農業協會（East Hampshire Agricultural Society）。愛德華・狄金生、鄰居盧克・史威特瑟（Luke Sweetser）與其他同樣為消遣而務農的紳士，在 1850 年 5 月 1 日成立此協會，目的是「在安默斯特城鎮中透過獎勵與其他方法，鼓勵農業與機械手藝。」

協會每年最重大的事件就是畜牧展。奧斯丁曾在信中寫道：「我也覺得畜牧展是安默斯特在一整年中，最令人開心的一天。這天像是特別為安默斯特人創立的節日般，而且不會像畢業典禮一樣，到處都是老女人、主管、學生、親戚和傲慢的信託人。」雖然他措辭不甚友善，但說得確實沒錯。

🥕「畜牧展是安默斯特一整年裡，最令人開心的一天」。

畜牧展從一大清早的開砲儀式開始。農夫們來到鎮上時簡直就像農業界的諾亞一樣，他們帶著母牛群、豬群、羊群、馬群與公牛群，這些動物沿路發出高高低低的鳴叫，重重踩腳。鎮上的女士們則以烘焙麵包、醃製食品和精巧藝品互相競爭。隨著精緻產品蔚為流行，畜牧展中也加入了美術與插花競賽。此外，當地人對於拖拉機各有各的意見，其中，很有可能有人偷偷把貨車轉手給別人。有時候柏赤鎮皇冠樂團也會出席演奏。

展覽並非展覽
但前往那裡的他們－
我的鄰居於我來說
是展示中的動物－
公平的交易－
兩者都同樣前去參觀－

——F# 1270, 1872

　　牲畜展就像所有優秀的鄉鎮展覽一樣，競爭氣氛高漲。狄金生一家人也參與其中；他們擔任裁判，也接受他人的評審。

　　例如：在 1858 年，奧斯丁主持了美術類競賽，他母親則是花朵競賽裁判，而他父親則負責評審拉車的馬。狄金生太太拿出她的無花果參賽，艾蜜莉拿出的是麵包，蘇珊則拿出花。當地報紙寫道：「委員會的部分成員馬上就認出了其中一個籃子和一個瓶子裡裝的那些花，是來自W・A・狄金生太太家那座絕妙花園的花朵，狄金生太太養育花朵的勤奮和成就，與她無與倫比的插花技巧不相上下。」那年，蘇珊贏得了50 分錢。

　　就連狄金生姊妹選擇要留在家裡時，也不會被遺忘。「奧斯丁和蘇珊剛從柏赤鎮畜牧展回來，」艾蜜莉寫道，「奧斯丁替我買了一個氣球，替維妮買了一顆西瓜。」

　　9 年後，蘇珊擔任第 18 屆年度展覽花藝類別的評審。1867 年 9 月24 日與 25 日，蘇珊與委員會在漢普夏公園（Hampshire Park）頒發了最佳插花獎、最佳野花選集獎和包含大麗花在內的最佳花園花朵收集獎。領導委員會的是來自安默斯特學院的威廉・S・克拉克教授（William S. Clark）。

克拉克教授當時正好在轉換職涯跑道。鎮上成立了一個新學院，克拉克成為該學院的校長。1862 年由議會通過的摩利爾法案（Morrill Act），明訂各州應發放土地給農業學校使用。麻州選擇了隔年執行該法案的地點是安默斯特。愛德華‧狄金生當時是麻州議會參議員，他針對新「贈地」大學的地點與經費開始進行遊說。1867 年年底，他們在位於市鎮中心北方農地的麻州農業學院（Massachusetts Agricultural College）開始第一堂課。

這座學院擁有他們引以為傲的華麗溫室、杜菲植物屋（Durfee Plant House）和以植物、魚池點綴的玻璃製印度王族帳棚。溫室與植物園非常適合當作親朋好友午後出遊的目的地。狄金生先生在家宅新建溫室的 13 年之後，也就是 1867 年底，學校內這間由佛得瑞克‧羅德（他後來進入了知名的羅德與伯納姆溫室公司）設計的溫室完工了。瑪蒂在描述杜菲植物屋時說那裡「比艾蜜莉姑姑的溫室還要大好幾倍。」那裡有一間棕櫚屋、各品系的山茶花與一間「維多利亞房」，裡面有一座以巨大的亞馬遜睡蓮為主角的水池，該睡蓮以女王的名字命名為 Victoria regia（而後被重新命名為 Victoria amazonica）。

植物屋的管理者會拿切下的鮮花送給訪客，訪客也可以用便宜的價格買到大量花枝。蘇珊‧狄金生插花時，充分利用了植物屋的存貨。

此外，麻州農業學院也販賣室內外的觀賞植物、蔬菜、灌木與樹。他們提供的品項十分多元。他們在 1870 年代出版的目錄中，列出了當時販售中的 50 種天竺葵和 60 種知名的品系玫瑰。雖然艾蜜莉‧狄金生不太可能在隱居的那幾年造訪那裡，但她想必會從親友口中聽說這件事，也會在週報中讀到相關文章。實在很可惜，若非隱居，她大概每年都可以在生長季節逐漸過去時，經常造訪這個討人喜歡的地方。

🌿 早期的杜菲植物屋與周圍的花園，前方擺姿勢拍照的是麻州農業學院的導師與學生。

艾蜜莉・狄金生花園的秋季

「我們入睡時手上拿著桃子而醒來時是石塊，但石塊是夏日將臨的證明。」

夏日宛如奏鳴曲中，速度放慢的小節一般緩慢延伸，積累成快板來臨前的漸強音律。「夏天？我的記憶飄搖——有過——曾有過夏天嗎？」狄金生寫道，「你應該看看田野的樣子——如此歡快的昆蟲！迅速而嬌小的鳥類！舞者、地板、節奏越發快速移遠，而我，是個幽靈，重述故事！一個羽毛的講述者對著一個絨毛的聽眾，——以及默然無聲的喝采。『簡直像戲劇一樣精彩』，完全沒錯！」

夏季開始露出一種相貌
如欣賞好書的讀者
不情不願但確實意識到
後面的葉子越來越靠近

以女帽般的雲朵
或包起永恆山丘的
披巾更深的顏色
即可推算秋季的來臨

眼睛開始它的貪婪
一場冥想抑制了言辭
遠處一顆樹的染色工
重新開始他花俏的產業

結束是大家前往的路程
幾乎成為長久的
然後抓不住穩定
使人記起永生－

——F#1693，無日期

🌿「開始暗示秋天的植物」。

新英格蘭的秋天可不是浪得虛名。艾蜜莉‧狄金生能從臥室的窗戶看見樹木採用了嶄新的色調。這個季節是當紅的寵兒。榆樹的葉子轉金並墜落。狄金生在兩封早期寫的信中用了莎士比亞的「枯掉的，黃色葉子」（the sere, the yellow leaf）來描述這片鍍金景象。季節是警鈴，把楓

✄ 「遠處一顆樹的染色工」經手過的楓葉；歐拉・懷特・希區考克繪製。

它的－名字－是「秋天」－
它的－色調－是血紅－
一條動脈－在山丘上－
一條靜脈－沿著道路－

巨大的圓珠－在巷弄裏－
啊，著色的陣雨－
當風－翻倒水盆－
並潑灑猩紅的雨－

它點滴灑水－於下方的軟帽上－
它聚積紅潤的水池－
接著－像玫瑰的漩渦－消失－
在朱紅車輪上－
　　──F# 465, 1862

🍂 白橡樹在秋季轉紅。

🍂 狄金生蒐集了黃樟的帶葉小枝,安置在植物標本冊中(第二列最左)。

🍂 黃樟在「紅潤的池塘」聚積;歐拉‧懷特‧希區考克繪製。

樹與黃樟的葉子轉為酒紅色與鏽色。

　　隨著白晝縮短而夜晚變得多彩,樹葉逐漸老化,自物理層面衰竭。葉綠素開始耗散,有如祖父母日漸變薄的皮膚。潛伏的黃與橘逐步顯現,這是香蕉與胡蘿蔔的色彩化學。葉子內的糖在收到訊號後,開始把葉子轉為紅色。這些無比明亮的變化來自乾燥的氣候,會持續進行著直到出現厚重的霜雪為止。最後,細胞裡的黏液會脆化,使枝椏與植物之間的連結斷裂。葉子退位,飛入狄金生家的「朱紅車輪」裡。

　　小小的旋風擾動乾燥的葉子,像翻動書頁一樣翻動它們。溼氣蒸

發，顯露出藍天。空氣中有一種特殊的氣味：乾葉子、燒木柴的煙味搭配上薄脆的基調。

　　沿著花園的鋪石小路走，在狄金生注意到「我們即將進入 9 月，但我的花朵依然和 6 月一樣勇敢」的秋天氣溫轉涼時，奇怪的事情發生了。由於熱氣緩解，花園出現了 8 月的赤道無風帶，迎來了第二波盛開的花。「霜還沒出現，在夕陽下從門口看向維妮的花園時，看起來就像一座池塘。沐浴在那種氣氛中能使她獲得療癒。要達到貝什斯達（Bethesda）的效果真簡單！」她寫道。她指的是花園在精神與物理層面提供的慰藉。

夏季有兩次開始－
一次在六月－
又一次在十月
傷感地開始－

或許，沒那麼五彩繽紛
不過因著恩寵更加生動－
就像一張要離去的臉
比一張留下來的還美－

然後－永遠地離開－
永遠地－直到五月－
永遠就是年年葉子落了又長－
除卻真正死去的－
　　　　　　　　　——F# 1457, 1877

〔翻譯引用自《我居住在可能裏：艾蜜莉・狄金生詩選 II》（木馬文化出版；賴威傑 George W. Lytle、董恒秀譯）〕

花園中留下的臉龐包括菊花、晚開的雛菊和紫菀。狄金生在某年9月寫了一段假想的對話給蘇珊：「秋天到來後傍晚顯得更加漫長——這算不上新聞！紫菀都很好。『其他花朵呢？』『都很好，謝謝你。』」

鐵線蓮的藤蔓攀繞著支撐物向上爬，藤蔓上還帶著短小強韌、連接葉子與主莖的葉柄。有些不同品系的鐵線蓮會在秋天開花，對於觀察入微的詩人而言，鐵線蓮的種子，是一種無法抗拒的誘惑。

當人要分離時，習慣上
互相交換－小禮物－
這樣能加強忠實－
當愛人遠離－

各有不同－因為各有不同的嗜好－
鐵線蓮－旅行遙遠－
贈與我一綹
她活潑的鬢髮－

　　　——F# 628, 1863

早秋告訴那些一季內開花多次的植物，要它們抬起頭，再多生幾個花苞，好似漠視了季節變換。艾蜜莉‧狄金生寄了一朵晚開的花給表妹，同時附上一封信說是他們的女管家瑪姬‧馬赫「在花園裡替你『搜索到』這株花苞的。你一定聽過『夏天的最後一朵玫瑰』吧。這就是那朵玫瑰的兒子。」每個人都知道〈夏天的最後一朵玫瑰〉這首流行歌，狄金生不但會彈奏，還把它加入了她的

🌿 植物標本冊內，下排中間的是鐵線蓮，
不過是沒有活潑鬢髮的種子。

🌿 無論是以花園的角度或以坐在鋼琴前的角度，狄金生都理解「夏天的最後一朵玫瑰」的涵義。

大量樂譜收藏中。

瑪姬不是狄金生家雇員中唯一一位在花園工作的人。狄金生在寫信給哥哥描述北普萊森街的蔬菜時說：「花園太不可思議了——我們有甜菜和豆子，還有能吃三週的『絕妙馬鈴薯』。」接著，她漫不經心地提到他們的園丁：「老阿莫斯拔草和鋤地，監督那些考慮不周的蔬菜。」

許多工人都在狄金生家的花園幫忙，一開始在北普萊森街，後來換到主街。事實上，像愛德華‧狄金生和奧斯丁‧狄金生這樣的紳士沒有太多時間能耕種，但他們可以付錢找人來做這些粗活。荷瑞斯‧邱奇（Horace Church）在這兩個地址為狄金生家庭與安默斯特學院，做了好幾年的園藝。艾蜜莉年輕時回憶他：

當他開始談論過去的歲月、他在 1826 年種的樹以及他在 1820 年遇到的森林時，總是顯得自視甚高，他的傳奇程度堪比大學塔之死，我們的第一個古物——我記得有一次他一直到冬天的蔬菜結霜了，都不願意去摘它們，父親表示反對時，他回答：「先生，若結霜是上主的旨意，我是不會阻擋這件事的。」

收成是一種外在的、可見的象徵，既代表了上主的旨意，也代表了參與其中的所有人所付出之辛勞。

家宅的蔬菜占據了花園後方的一大片土地，在視覺上以蘆筍做為分界。蘆筍在早春時從根部長出挺立的莖，並於之後將近兩個月的時間裡持續提供新鮮蔬菜。比較細小的莖能提供力量給苗圃，做好準備迎接下一年。那些像鉛筆一樣細小的莖只能靠自己了；它們大量竄生，在土堤上長出狀似蕨葉的茂密葉片。這時已是秋冬時節，狄金生一家會拿蘆筍的複葉插進花瓶裡，擺在屋內的火爐上或壁爐上作為裝飾。蘆筍具有多種價值，兼具功能性與裝飾性，適合分隔花朵與旁邊生產力旺盛又平凡無奇的植物。

蘆筍後面是枝條纏繞的花豆，瑪蒂描述花豆「像穿著漂亮棉布裙的鄉村女孩一樣，誇耀自己紅白相間的花」。這些多彩的爬藤植物產出的花豆色澤緋紅。它們長在一排排皇帝豆和正在抽穗的高大玉米旁邊。

狄金生的詩中頻繁地出現花朵，偶爾出現水果，而蔬菜則鮮少露面。但她曾在一首詩中暗指要在新英格蘭的土地中長出玉米或葡萄（或詩人），並非易事：

在我荒涼的土地上
我努力培育繁花－
最近－我如石塊的花園
產出葡萄－和玉米－
——F# 862, 1864

狄金生在規畫與種植菜園植物時，就已經把冬季納入考量了：她選擇了能撐到春天的植物。狄金生和一位通信者開玩笑說：「這裡的紳

士每年都使用同一套方法摘光樹葉，把田野收進地窖，簡直一點風度也沒有。如果他們忘記這麼做，我就能整年都有美好的蔬果和葉子，也不會有任何冬天的月份出現了。」

冬季南瓜生長在大片的藤蔓

狄金生種植了一些冬季南瓜。但無從得知她種的品種是哈巴德南瓜、扁圓南瓜還是彎頸南瓜。

之上。瑪蒂還記得那些瓜藤「攀爬過夏日留下來的所有事物，直到結霜。」為了保持體面，那些南瓜全都留在藤蔓之上，一直等到成熟為止。藤蔓一枯萎後，果實就成熟了，可以馬上採收。經過仔細的乾燥後，南瓜可以拿去儲存起來；它的外皮強韌，裡面的瓜肉也會保持堅實。

我的農場產出是這些
我一家人可自足
偶爾還有點紅利
送到鄰居的儲物箱

對我們而言，一整年都是豐收
因為開始結霜時
我們只要逆轉黃道帶
然後採集一畝畝的收成－
——F# 1036, 1865

菜園的土堤上，還種了甘藍與芹菜。這兩種植物都能適應較涼爽的天氣。甘藍會用一圈圈鬆散的葉子結成巨大的圓球。幸虧有瑪蒂，如今我們才能知道花園裡至少有兩種甘藍：一種綠色，另一種紫色。

長在凹溝中的芹菜看起來就像一排排玩具士兵，每顆芹菜間隔 6

🌱 狄金生家的園丁，為冬天的芹菜堆起土堤。

至 8 吋，如此才容易管理。芹菜成長時，園丁會在旁邊堆起土堤。到了秋天，只有最頂端的葉子會探出頭，主莖會因此轉白，變得更甜美、更軟嫩。用這種方式在芹菜旁邊堆土堤也等於是把它們放入了保險櫃中，因為土堤會替每株植物的根製造一個小型地窖，讓它們度過結霜的日子。

開始結霜時，地窖會被填滿。這時根莖類蔬菜會成為園丁的最愛。花園裡的甜菜紅豔如火，瑪蒂寫道：「太陽照耀在甜菜的葉子上，好像在照耀一杯勃艮地紅酒一樣，陽光使它們紅色的血管著火了！」愛德華‧狄金生在議會時，從專利辦公室寄了一些蕪菁種子回去給工人荷瑞斯‧邱奇，「讓荷瑞斯把這些種子保存起來，冬天時可以種蕪菁。」當時，他們可能會把蕪菁拿來餵牲口。

狄金生家的收穫地點，不限於他們耕種的花園中。堅果彈落到地上，在冬天的休眠來臨之前，用散布種子的狂歡派對使秋季充滿生氣。家宅的白橡樹上長的橡實重重墜地，準備好讓松鼠採收。

淺碟上要放茶杯
在醒醒的人間
但在松鼠的想法中
淺碟上要放整條麵包－

一棵樹作為一張桌子

小小的國王如此要求
而每陣吹來的微風
搖曳他的飯廳－

他的刀叉－他保存
在他赤褐色的嘴唇內－
他在進餐食看著它閃閃發光
使伯明罕黯淡

我們－會被判有罪
因我們的瑣碎小事
能飛翔的最渺小市民
比我們更旺盛－

——F# 1407, 1876

　　也有人類可以食用的堅果。包裹著綠色厚實外皮的黑核桃掉落下來。園丁必須先把這些果實拿去小心乾燥並剝皮，才能敲碎硬殼。山核桃，則是另一種外殼堅硬的堅果，必須拿起沉重的垂子、使用嚴格的手段才能敲開。另外，美洲栗也成熟了，它們的毬果自行裂開。

　　艾蜜莉年輕時曾跟著親友外出「採栗子」。烤栗子吃起來新鮮多汁，是只有秋季才有的美味。狄金生曾描寫自己道：「我很嬌小，就像鷦鷯，我的頭髮大膽，像是栗子的芒刺——而我的眼睛，則像客人喝剩留在玻璃杯中的雪莉酒。」

　　栗子也能用來當作簡便的日曆使用。「自從栗子成熟之後，我的感覺便沒有平常那麼好了，不過這並不是栗子的錯。」狄金生寫道。植物王國的其他植物也都能成為時鐘的替代品。她曾寫信給朋友山謬爾‧鮑爾斯（Samuel Bowles）說：「我們計算——你的到來用水果。當葡

🌿 艾蜜莉・諾可羅斯・狄金生對自己的無花果感到自豪。

萄勉強支撐——還有蘋果，和栗子——當白日以時鐘計更短了一些——以我們的想望更長了一些——當天空有新的紅袍——與紫色軟帽。」

　　她可以輕而易舉地用葡萄計算時間，因為葡萄藤架就矗立在穀倉前方。另一年的 5 月，她對奧斯丁描述了它們的國度：「葡萄豐美多汁，紫得美極了——我認為就連國王的衣袍也不會比這種紫色更高貴。藤蔓如今看起來就像王國，成熟的圓潤葡萄是臣服的子民——這是史上有子民吞噬國王的紀錄！」到了 10 月，葡萄垂掛在枝條上，就像伊索寓言中在充足陽光照射下熟成的那些葡萄。

　　無花果樹長在葡萄架的另一頭，透過盛行風接收穀倉與室內反射的熱氣。它們的葉片宛如阿拉伯花飾，枝條繁多。狄金生太太的無花果適應的，是地中海氣候而非麻州的冬天，因此它們需要被特別照顧，園丁必須用樹枝掩蓋或埋起無花果，保護那些將會結果的花苞。

🌿 一隻知更鳥在花園裡，找到一個適合停棲的工具把手。

在安默斯特，無花果具有報導的價值。當地公報的一位編輯報導說他們收到了一籃新鮮的無花果，這是一種成熟時能獲得媒體報導的水果。如果花園能反映出園丁的樣貌，那麼無花果樹又代表艾蜜莉・諾可羅斯・狄金生什麼樣的性格呢？或許狄金生的母親接受了挑戰，品嚐過好奇與不同尋常的滋味。

果園在狄金生的詩中反覆出現：

我倚靠知更鳥判別曲調－
因為我成長的地方－與知更鳥相同－
但，若我生來便是杜鵑鳥－
我發誓牠才是最好聽的－
熟悉的頌歌－統治中午－
毛茛是我對花朵的奇想－
因為，我們生於果園－
但，若我生在不列顛，
我就要唾棄雛菊－

除堅果外別無其他－適合十月－
因為－透過它的墜落，
季節輕快轉移－這是我所學到的－
若沒有雪的描摹
冬天，是謊言－於我而言－
因為我觀看－以新英格蘭的視角－
女王，在判斷時如我一樣－
從本土的角度切入－
——F# 256, 1861

艾蜜莉・狄金生的「蘋果」選集

褐皮蘋果（Russet）

　　褐皮蘋果表皮粗糙，而這個名字的由來，是因為它們的果皮令人想起淺褐色的布。狄金生先生把這種蘋果稱為「好保存」。若在 11 月把它們放進地窖，就能一直保存到 6 月。老實說，這不是味道最好的蘋果，但如果你身處在 19 世紀的安默斯特，又想在春天吃蘋果派，那必定會很樂意忽略褐皮蘋果的缺點。

> 這是一個榮耀的念頭
> 令人舉帽
> 就像突然碰見鄉紳
> 在尋常街道上
>
> 想到我們有不朽的處所
> 縱然金字塔會成廢墟
> 而王國，會像果園
> 赤褐色地飄去
> ——F# 1115, 1865

〔翻譯引用自《我是個無名小卒：艾蜜莉・狄金生詩選 I》（木馬文化出版；賴威傑 George W. Lytle、董恒秀譯）〕

金甜蘋果（Golden Sweet）

　　這種蘋果想當然是黃色的，果實碩大，顏色淺淡。在狄金生的果園中，這些蘋果因為鄉愁而變得更甜美。「與我分享花朵的阿姨，必定也會從我這裡拿到一簇花。」狄金生寫道，「金甜蘋果來自祖父的果樹。」

🌿 這株小樹會逐漸長大，重新創造出狄金生家的果園。

鮑德溫蘋果（Baldwin）

　　鮑德溫蘋果外表鮮紅色，果肉鮮脆多汁，是源自麻州東部的偶發實生苗品系（chance seedling；譯註：實生苗〔seedling〕指的是種植種子後長出的幼苗，與之相對還有嫁接苗與扦插苗等）；此品系結果甚多。

　　「我們今年沒有水果，冰霜把花都通通採收進它的木桶中——只有『聖靈的果實』除外，但維妮比較喜歡鮑德溫蘋果。」狄金生這句「聖靈的果實」引用自《聖經》加拉太書。

🌿 拉維妮亞・狄金生比較喜歡鮑德溫蘋果；海倫・夏普繪製。

狄金生先生在藏書室中翻閱派翠克・巴瑞（Patrick Barry）寫的一本小書《水果園》（*The Fruit Garden*）。巴瑞先生在紐約洛契斯特（Rochester）的蒙特霍普苗圃（Mount Hope Nursery）工作；他將良好的品德、愛國情操與栽培水果連接在一起，而愛德華・狄金生想必深受感動：

> 水果園和住家形成的聯合會，不但能為個體與公眾的健康與繁榮帶來好處，也必定能使人們的品味、興趣與態度變得更柔軟、更優雅，還能大幅加強人們對家庭與國家的愛。

狄金生一家人無疑非常喜愛他們的果園，尤其是蘋果。

狄金生果園的蘋果能製造出餐桌上的重要餐點：新鮮的蘋果汁與發酵過的蘋果酒。部分證據顯示狄金生家宅中有一間蘋果壓汁房，或他們可能把蘋果拿去當地的蘋果壓汁器處理。艾蜜莉年輕時曾熱忱地道：「蘋果酒幾乎要好了——我猜等到週六我們就有一點能喝了，最慢『不會超過週日中午』！」

在狄金生的秋季果園中，蘋果成熟並掉落，這是記錄工人與野生動植物的好機會。「今天有數名男性在摘蘋果，那些美麗的寄宿者離開了樹木、鳥群、螞蟻和蜜蜂。」狄金生寫道。「我曾經聽過一隻鳥叫『滴』六次，當人家拿走牠的東西。如果人家把我們的東西放在獨輪車裡運走，我們會覺得怎樣呢？」

除了蘋果，果園裡還有桃子、梨子、李子和木梨（quince）。狄金生在通信時描述了這些水果的優點。她把香甜的梨子形容得甘美多汁，「像火腿一樣的臀部，像夾心軟糖一樣的果肉。」她興高采烈地對一位

 「像火腿一樣的臀部，像夾心軟糖一樣的果肉」。

朋友寫道：「能看到你真是太開心了——就像盛產季之前出現的一顆桃子，使所有季節與地點都成為可能——宛如一首狂想曲。」她對另一位朋友寫了一封信，勸誡對方不要把回覆給她和維妮的信寫在一起：「雙生的李子不是李子。我太有禮貌了，以致於我無法只取果肉，不去喜歡果核。」

狄金生家的花園裡一定至少有一株木梨，因為鄰居詹姆森太太（Mrs. Jameson）告訴兒子說：「昨天維妮寄了幾個可愛的木梨給我，讓我在過冬時還有美味的水果能享用。」

除秋季的詩人外
尚有幾個平凡的日子也會詠嘆
在白雪少許的這一側
與薄霧少許的那一側－

幾個敏銳的清晨－
幾個苦行的傍晚－
已不見了－布萊恩特先生的「麒麟草」
與湯姆森的「草捆」。

靜下來的，是溪流中的喧鬧－
封閉的是辛香的瓣片－
催眠的手指輕柔碰觸
許多精靈的眼－

或許一隻松鼠會留下－

分享我的情感－
喔天主，請授予我明朗的心靈－
承受你如風的旨意！

——F# 123, 1859

秋季似乎一直拿不定主意，秋老虎不時帶來撩人的溫暖間奏。機
警的園丁們仔細注意著，有沒有哪一天的溫度是適合把植物從花床中挖
起、把盆栽植物移到室內；這是一種平衡的行為。「植物在昨天晚上進
入了營帳內。」狄金生在某個秋季清晨寫道，「它們薄弱的鎧甲已經不
足以阻擋狡詐的夜晚。」其植物所進入的營帳就是溫室：

是鳥兒歸來的季節－
僅少數一、兩隻－
回頭望。

天空重回那老套、老套的
六月的詭辯法－
一個藍金的錯誤。

喔，你這騙子騙不了蜜蜂－
你的把戲
幾乎誤導了我的信念。

直到排排的種子見證－
還有一片顫羞的葉瓣
急急靜悄地穿過已變的空氣。

喔，夏日的聖儀，
喔，霧靄中最後的晚餐－

允許一稚童加入。

參與你神聖的象徵－
取食你聖潔的麵包
和你不朽的醇酒！
　　　——F# 122, 1859

〔翻譯引用自《我是個無名小卒：艾蜜莉・狄金生詩選 I》（木馬文化出版；賴威傑 George W. Lytle、董恒秀譯）〕

　　在狄金生家的牧草原上，麒麟草是黃色的，紫菀是紫色的。蜜蜂搜刮花蜜與花粉帶回巢穴，建造過冬的存糧。在安默斯特周遭的丘陵上，龍膽花盛放成明亮的藍紫色，好似直接從顏料軟管中擠出的色彩：

神造了一朵小龍膽－
它試著－成為玫瑰－
失敗後－整個夏天都在嘲笑它－
但就在降雪之前

某個紫色生物在那裡崛起－
使整座山丘欣喜若狂－
夏季藏起她的前額－
嘲笑聲－停止了－

霜雪是她的條件－
泰爾紫＊不願前來
直到北方－前來祈求－
造物主－我是否－要盛開？
　　　——F# 520, 1863

＊「泰爾紫」是羅馬皇帝的外袍染色時會使用的紫色。

另外，林地邊緣的金縷梅放下黃色的頭髮。北美金縷梅（Hamamelis virginiana）是生長在安默斯特下層植被的大型灌木。狄金生描述得最好，她說金縷梅是「可愛的異形」。芬妮和露寄出帶有花葉的枝條給艾蜜莉時，她詳細描述了一番。「在我喜悅的心中，它看起來就像是閃亮的金屬絲線和古老的金屬絲線結合之後的產物，迷人又充滿魅力。」她寫道。「它長得有點像蒲公英，不是嗎，只要蒲公英把她的頭髮纏在一起並生長在樹枝上而非草莖上，──不過這種事是不太可能的。」金縷梅的外表看起來的確像是來自異域。她曾在描述金縷梅時寫道：「它縈繞我心，就如我孩童時的水晶蘭（錫杖花），或欣喜若狂的網紋馬勃菇，或時而飄著神祕蘋果香之大片石竹花的迷戀。」

　　有些時候，是植物找到園丁，而非園丁找到植物。另外，秋天也是順風車種子的季節：

牛蒡－扯動了我的衣袍－
不是牛蒡的錯－是我的
我太靠近牛蒡的巢穴－

沼澤－侮辱我的鞋。
沼澤還能怎麼做呢－
它們唯一懂得的工作－
是向人噴濺水花？

是鰷魚－才會蔑視－
大象的平靜雙眼
看得更遠。
　　　──F# 289, 1862

⚜ 秋季開花的北美金縷梅的淺黃色樹
葉，以及宛如「可愛的異形」的花朵；
海倫・夏普繪製。

Witch-Hazel F.

Hamamelis – Witch hazel

H. Virginiana L.

第一場霜，在10月之前降臨於安默斯特，距離前一次在5月結的霜只間隔了五個月的時間。狄金生曾寫道：「我們在早秋得到了仲冬的霜——『當神與我們同在時，誰能反對我們呢？』但當他反對我們時，任何盟友都無用武之地。」冰霜是令人心煩意亂的愛人。

> 身著大理石的訪客－
> 影響花朵－
> 直至它們井然有序如半身像－
> 優雅－如玻璃－
>
> 他在夜裡造訪－
> 並在日出之前－
> 結束他熠熠閃亮的探望－
> 輕觸－然後消失－
>
> 但誰被他的手指碰過的－
> 他的腳跑過的地方－
> 由他親吻過的任何嘴唇－
> 宛如未曾存在－
>
> ——F# 558, 1863

狄金生在一封信中感嘆：「在我的清教徒花園中，堪察加半島（Kamchatka）的薄紗使玫瑰黯淡。」她在另一封信中哀悼：「我相信你的花園願意赴死——我不認為我的花園願意——它帶著優美的不情願逐漸枯萎，猶如金星。」秋季的結尾滿目荒涼，樹木光禿，土地裸露。

艾蜜莉・狄金生夢想要跳過冬天，進入其後的春天：

我們本不該在意如此嬌小的一朵花－
但它靜靜帶著
我們丟失的小花園
再次回到草坪。

她的石竹點頭時多麼辛香－
她的蜜蜂盤旋時多麼迷醉－
從一百株樹木－
偷來的一百支笛子多麼閃亮－

注視過這朵小花的那些人
抱持信念就能清楚看見
寶座周圍的長刺歌雀
與蒲公英的金黃。

　　　──F# 82, 1859

然而冬天是不可避免的，它終究會到來。

✂ 「身著大理石的訪客」能剝奪葉片的顏色，就像這棵山茱萸的紅葉。

Winter
─ 冬季 ─
詩人的輓歌

　　艾蜜莉‧狄金生最後幾年的生命，是一場充滿「失去」的冬季。她在實質層面上避開了廣闊世界的同時，死亡也接二連三地造訪她的至交親友。她在 11 年內失去了六位和她親近來往的人，其中，她的父親在 1874 年的死亡是第一次失去。

　　愛德華‧狄金生在那年突然過世，就這樣拋下了住在狄金生家宅的女人們。她用一連串方式想念父親，日常與極美好的都有：她特別為他烘培的麵包、他走進門的那一刻施加的引力、他為她的花園買的植物。這年，她 43 歲。

有一種斜光
冬日午後－
那鬱悶之感，如
大教堂的音樂般沉重

它給我們天降的傷害－
我們找不出傷痕，
但有內在的差異

在存有意義的地方。

沒有人能教訓它－沒有任何人－
它是絕望的捺印－
帝諭的痛苦
自空中遣到我們身上－

當它來時，大地傾聽－
陰影－屏息
當它走時，像是
死亡神色上遙不可及的距離－

—F# 320, 1862

〔翻譯引用自《我是個無名小卒：艾蜜莉‧狄金生詩選 I》（木馬文化出版；賴威傑 George W. Lytle、董恒秀譯）〕

　　那年冬天，她凝視窗外荒涼的景色，回想對她父親的記憶；她將之稱為陰澀的下午。她在寫信給朋友伊莉莎白‧霍蘭德（Elizabeth Holland）時描述自己的悲傷，信中的用語和分行符具有如詩般的強烈：「風和鳥的活動都無法打破這鋼鐵的符咒。大自然揮霍苛刻——此時——同樣的地方她曾揮霍愛。」她在信的結尾寫道：「摘取三葉草的那隻手——我尋找。」

　　隔年，她的母親則因為中風而身體衰弱，從此臥床不起。這件事似乎讓狄金生完全隱居了。花園依然是避難之地。「雖然我不離開，但土地豐足——對我來說——幾乎是旅行——而自從我父親死後——我所認識的寥寥數人——都來過這裡。」

　　鐵杉樹籬包圍著這片豐足的土地，將她送到更北邊的斯堪地那維

亞寒帶森林與俄國流域——聶伯河（Dnieper）與頓河（Don）：

我想鐵杉喜歡站立
在雪的邊緣－
這符合他的苦行－
並滿足一種敬畏

是人們，必定在荒野中緩解－
在沙漠中－感到煩膩－
對白霜，對荒地的本能－
拉普蘭的－必要性－

鐵杉的本質茁壯－於寒冷中－
北風的咬牙切齒
於他而言－是最甜美的養分－
他最好的挪威紅酒－

對於錦緞的民族－他一無所知－
但頓河上的孩子，
在他的軀體下，玩樂，
聶伯河的搏鬥者，奔跑。

——F# 400, 1862

　　在家宅裡面，兩姊妹一起照顧母親數十年的時間。她們沿著樓梯爬上爬下，帶特別的食物或花園的鮮花給她。維妮描述母親說：「她那麼喜愛每一隻鳥、每一朵花，對每一種悲傷都那麼心懷憐憫。」艾蜜莉‧諾可羅斯‧狄金生在 1882 年 11 月 14 日過世。

　　接著，隔年狄金生一家人，遭逢了最難以面對的悲劇；這場悲劇

發生在隔壁的常青之屋。

狄金生最年幼的姪子湯姆士‧吉伯特在 1883 年秋季，以 8 歲稚齡死於傷寒。艾蜜莉姑姑在他過世前的那一晚坐在他的床邊，看著他們家人至愛的一顆明星殞落。

狄金生從照顧親友轉為照顧墳墓，只要從他們家走一小段距離就能抵達那座小小的墓園。姐妹兩人走上山丘，在花季用鮮花妝點墳墓：鈴蘭給吉伯、開滿花的山楂枝椏給父母。

近親的離世，使她開始思考自己的死亡：「待輪到我時，」狄金生在一封信中若有所思地寫道，「我要一朵毛茛花──無疑地草會給我一朵，畢竟她每次都尊重她不穩定的孩子們，不是嗎？」所有遺憾都浮現出來，還有對來生苦樂參半的希冀。「我希望，直到我顫抖，能去觸摸我所愛的人，在山丘轉紅──轉灰──轉白──轉為『重生』之前！如果我們知道番紅花躺得有多深，我們將永遠也不放她離開。」

雖然滿懷悲傷，但艾蜜莉‧狄金生依然常與老友見面。她從來沒有減少通信。其中一位是她的童年好友海倫‧杭特‧傑克森（Helen Hunt Jackson），她結婚前的名字是海倫‧費斯克。或許你還記得，年輕的艾蜜莉曾與海倫一起在擬柳橙花下玩耍。她們的關係並不止於玩伴。

艾蜜莉與海倫都在 1830 年出生於安默斯特，她們同樣喜愛園藝與大自然。兩人似乎都對泥濘地特別有興趣。海倫的母親曾責罵女兒：

比起進穀倉和小屋，我還寧願你留在家裡玩；你在花園那麼美麗時進去四處亂跑，只會製造更多需要清洗的衣服，而且天氣也慢慢變涼了，比起在花園裡玩，留在室內才是適合淑女做的事。

🌿 上圖：冬季的狄金生家宅，約於
1885 年拍攝。照片中可以看到被雪
覆蓋的鐵杉。

🌿 下圖：吉伯死後，他的家人關上
了他的房門。這間房間像時空膠囊
般保存著他的童年。

🌿 海倫‧杭特‧傑克森是艾蜜莉的幼年玩伴,她在成年後以文學導師的身分回到艾蜜莉生活中。蛋白印相照,查爾斯‧F‧康利(Charles F. Conly)拍攝,約1884年。

兩名女孩在低年級時曾當過同學一陣子,接著,艾蜜莉進入安默斯特書院做日間部學生,海倫則去念了寄宿學校。海倫在她從伊普斯威治書院(Ipswich Academy)寄回家的信件中提到,她的花園裡有蔓生夾竹桃(moss pink)、鳶尾花、玫瑰、金銀花和西洋櫻草。事實上,海倫的父母在她還是青少年時過世,之後她便離開了安默斯特,與叔叔一同居住。

海倫和愛德華‧杭特少校結婚後,在1860年重新聯繫上狄金生。狄金生非常喜愛海倫夫婦,她特別記得少校曾說過:「她的大狗『能理解引力』。」兩位女子在往後的數年間持續魚雁往返。

海倫在丈夫死後成為專職作家:她寫詩、散文、小說、童書,和一本以野花為主題的書。她再婚後改名為海倫‧杭特‧傑克森,成為文壇的知名人物。據說傑克森的其中一本小說《默希‧菲布瑞克的選擇》(*Mercy Philbrick's Choice*)描繪的就是艾蜜莉‧狄金生的生活。現今的學者認為這是一本傳記小說,內容似乎取材自這兩名女子的生活,描寫的是一位對園藝與文學深感興趣的安默斯特女子。主角蒐集樹林間的植物:

林間有三個不同品種的石松,還有三角草、鹿蹄草、喜冬草和月桂灌叢。這些戶外的植物都是大自然愛好者的珍貴財富!默希(*Mercy*)

每天都會帶新的珍寶回家,直到房子裡幾乎變得和夏季的樹林一樣翠綠芬芳。

　　默希的花園令人聯想到狄金生家的花園,那裡有「小路左右經過精心整理的花圃,上面種了老派的康乃馨、三色菫和美女石竹。」艾蜜莉‧狄金生一定也會很喜歡這樣的花園。

　　後來,傑克森認識了湯姆士‧溫特沃斯‧希根森,他十分鼓勵傑克森的創作。知道了傑克森的靈感源自安默斯特之後,他把狄金生的幾首非凡詩作拿給傑克森欣賞。傑克森在其中看見了天賦。「你是非常優秀的詩人,」她在寫給狄金生的信中說,「你拒絕放聲高歌,這將會損及你生活的年代。等到你進入了人稱為死亡的狀態後,你將會對你如今的吝嗇感到後悔。」

　　令人心焦的是,她們的通信只有極少數被保存下來,在其中一封留存至今的信中,狄金生寄了一首與藍知更鳥有關的詩給傑克森。傑克森讀後感到十分驚艷,回信道:「我們這裡也有藍知更鳥──我原本或許有可能會想要自己寫一首跟藍知更鳥有關的詩,但我至今一直沒有寫:現在我

🌿 咽喉呈現寶石紅色的蜂鳥,在飛行的路線中休息。

永遠也寫不出來了。」她在信末提出了一個令人心動的提案:「妳有沒有想過寫寫黃鸝呢?牠可以自成一首。」

　　狄金生用詩作〈邁達斯王碰觸過的其中之一〉(*One of the ones that Midas touched*)作為回覆,她將黃鸝封為「辯護者」、「偽君子」、「美

食家」、「小偷」；還超出對方的期盼，她繼續道：「除了你建議的黃鸝詩作外，我還加了一首蜂鳥的詩，希望它們不會顯得不真實。」她增加的那隻蜂鳥是登峰造極之作。

消失無蹤的路線，
伴隨轉動的輪子－
綠寶石的一次共振
胭脂紅的一次湧現－
而樹叢中每一朵盛開的花
都調整著它垂落的頭顱－
來自突尼斯的信件－或許，
一趟輕鬆的清晨出行－
　　——F# 1489, 1879

傑克森已經準備好要推廣狄金生的作品了。她說服狄金生在《詩人面具》（*Masque of Poets*）選集的〈無名小卒系列〉（*No Name Series*）中加入〈成功被視為最是甜美〉（*Success is counted sweetest*）這首詩。她也被要求擔任狄金生的遺作管理人；也就是讓海倫・杭特・傑克森負責出版狄金生死後遺留下來的詩作。但最後的發展卻並非如此。因為，傑克森離開得太早，她於 1885 年逝世。

除了和老朋友們維持聯繫之外，狄金生也在最後幾年交了一位新朋友。1881 年 9 月，梅布爾・魯米斯・陶德（Mabel Loomis Todd）和新任職安默斯特學院天文學教授的丈夫大衛，帶著他們還是嬰兒的女兒蜜麗森（Millicent）浩浩蕩蕩地搬進了安默斯特。梅布爾會唱歌和彈

🌿 在這個充滿戲劇效果的照片中，身穿白洋裝的梅布爾・魯米斯站在正中間，蘇珊・狄金生抱著吉伯坐在她身邊，看向頭戴草帽、坐在壁爐前的瑪蒂。大衛・陶德在最右側，頭戴平邊草帽。奈德・狄金生橫躺在前排，身上搭著一支網球拍。

琴，會寫作、演戲和繪畫。她正年輕（比艾蜜莉小 25 歲），她聰明漂亮又才華洋溢，狄金生家的三兄妹想必都覺得她光芒四射。

　　蘇珊立刻就把這對夫婦招募為常青之屋的晚宴常客。梅布爾經常造訪家宅，和維妮聊天，在起居室邊彈琴邊唱歌。狄金生姊妹中較年長的那位，常在走廊或樓梯上方聽她彈唱。在演奏完貝多芬、巴哈或史・卡拉第後，管家會拿著托盤進入起居室，上面會放著一杯雪莉酒、一首艾蜜莉寫的詩或一朵她花園中的花，用來獎賞表演者。

　　雖然陶德和狄金生從來沒有見過面，但兩人都對植物、音樂與文字懷有相似的熱愛。梅布爾在寫給父母的信中描述道：「我回家沒多久之後，就收到了一盒極其精緻的花——風信子、香水草和幾朵我從沒見

🌿 梅布爾・魯米斯・陶德的錫杖花。

過的奇異黃花——寄件者——你們覺得是誰呢？是艾蜜莉・狄金生小姐！」

梅布爾・陶德是一位技藝純熟的植物藝術家。她在 1882 年寄了一片畫上錫杖花的木板給狄金生。這幅繪畫引出了熱情的回覆。「你毫不遲疑地寄了我非常喜歡的生命之花給我，這簡直就是一種超自然的現象，我無法向任何人說明我在看到這幅畫時感受到了多麼甜美的喜悅。」狄金生寫道。「我在還是個好奇的孩子時曾從田野裡摘了一簇錫杖花，至今我依然珍惜，那是超脫塵世的一束戰利品，其中的奧祕隨著時間流逝而逐漸增加，不曾有半分消滅。」她的植物標本冊中的錫杖花大約是 40 多年前蒐集的。錫杖花（Monotropa uniflora）是一種稀奇的植物。它看起來像是鈴蘭的莖經過了蠟質化與白化後會呈現的樣子，整株雪白，沒有葉子，花朵向地面彎垂，呼應了其屬名 Monotropa，這是「單次彎曲」的希臘文。

錫杖花是美國東北的原生種，是被子植物（也就是會開花的植物），但它無法行光合作用。這種植物跟常見的綠色植物不一樣，無法自行製造養分，必須依賴共生關係。一種特別的真菌會寄生在樹根上，形成菌根（mycorrhizae），藉此傳送氮與磷等養分給橡樹或針葉樹等大型植物，而作為交換，真菌會從樹根獲取食物再傳遞給錫杖花。這種植物學界的以物易物對錫杖花來說大有益處。

你或許也可以說艾蜜莉・狄金生就像錫杖花一樣。

她依賴家庭成員，一開始依賴的是父親，後來是維妮，靠著他們與外在世界交易：必需用品、保護與新消息。她的姪女說拉維妮亞姑姑是「一家之主」。而在收到木板畫一個月後，艾蜜莉寫信給梅布爾：「我無法畫出錫杖花，但請接受這隻蜂鳥。」她附上了先前給過海倫．杭特．傑克森的那首詩〈消失無蹤的路線〉（*A Route of Evanescence*）。她的屬名是「E．狄金生」。

　　在錫杖花的事件過後，梅布爾．陶德便成了艾蜜莉編年史中的一個註腳；或者你也可以說是兩個註腳。其一，是她和奧斯丁．狄金生成為戀人，其二，是她把狄金生的詩作公諸於世。

　　奧斯丁和梅布爾？乍看之下他們不太可能發展成戀人的關係。兩人都已婚，年齡相差 27 歲，這是一場忘年戀。他們多次驅車至安默斯特郊區長途旅行，並在 1882 年的一次長途旅行中首次「公開」這件事。

　　雖然他們的戀情一開始是個祕密，但最後成了人盡皆知的一件事。小鎮是最適合醞釀戲劇般的醜聞。梅布爾描述奧斯丁說：

　　他〔跟艾蜜莉〕同樣是詩人。只不過他的天賦並不洋溢在詩節或韻腳中，而是洋溢在他深耕的自然知識中，洋溢在登上安默斯特旁山頂時看見的景色所帶來的熱忱喜悅中，洋溢在因他而來的繁密樹林與花朵盛開的樹叢中。

　　他在某天找理由和梅布爾一起駕車，到校園監督造景的工人挖起一株樹。「在論及橡樹時，我不相信任何人。」他說。

　　奧斯丁沿著牧草原邊緣修剪出一條路，協助梅布爾和大衛替他們的新家選址與造景。梅布爾的新家距離常青之屋只有一個街區遠，牧草原上很快就踩出了一條新的小徑。新戀人與能從事園藝的新空間，使他

充滿熱情，他開始不斷地、不斷地種植。樹木和樹叢，鳶尾花圃和蔬菜。數年後，梅布爾如此描述奧斯丁對這棟「最風雅又最美麗」的房子在園藝上付出的努力：

> 我家如今已是最完善的美之溫床，每一吋土地都出自我的愛人之手。絕美的藍葉雲杉、鐵杉、白樺樹、連翹、繡球花、木蘭、櫸木、栗子、核桃、銀杏；他種植在此的無數可愛植物都生氣勃勃，這是個迷人的小家園。

她把自己的新家稱做「山谷」。

狄金生姊妹接納了這對情侶，梅布爾的丈夫大衛也接受了他們，導致奧斯丁的妻子蘇珊必須面對明顯的壓力。蓄了絡腮鬍的奧斯丁和留著長捲髮的梅布爾，有時會在家宅的起居室見面。若我希望你想像這對愛人肩並肩在溫室或花園裡散步，鼻間瀰漫著穿透格架飄來的金銀花香氣，會不會讓你覺得過於俗套了呢？至少，他們會避開常青之屋的視線範圍。兩人的關係維持了很久。他們都沒有離婚，這段感情一直到奧斯丁在 1895 年逝世才終止。

艾蜜莉・狄金生在這一生中，也與幾位男人與女人發展過幾段熱烈的情感，不過這些關係的發展程度、發生時間與對象都含糊不清。她唯一一段經過證明的戀情出現在她的後半生。狄金生一家人長年來往的朋友歐提斯・菲利普斯・洛德（Otis Phillips Lord）是從麻州最高法院退休的法官。

洛德比狄金生大 18 歲，和狄金生的父親一樣是堅定的輝格黨（Whig）黨員，在 1877 年成為鰥夫。他在一張 1883 年拍攝的照片中，坐在其位於塞勒姆（Salem）的花園裡。

🌿 從狄金生家宅牧草原靠主街的東北角，看向遠方山丘上的安默斯特學院，畫面右側中間的是梅布爾·陶德與大衛·陶德的新家，與其拱形前廊的頂端。

🌿 1894 年的「山谷」，照片中有許多奧斯丁·狄金生種植的樹。

你的花朵－開心起來吧－
她的君主－已離去！
我這樣不妥當－
我會住進花萼－灰白－
多麼謙卑－一直如此－
你的雛菊－
為你著裝！
　　——擷取自 F# 367, 1862

　　前詩的撰寫年份，早於傳記作家能有憑有據地指出她與洛德在一起的年份。這首詩是在拿他的姓氏開玩笑，又或只是巧合（譯註：詩第二行的「君王」英文是「lord」，洛德的姓氏也是「Lord」）？若只是巧合，狄金生想必也會因此會心一笑。她和洛德沒有結婚，不過有些不完整的證據顯示他曾求婚過，而她曾考慮過。當時，洛德和他的姪女住在一起，這位姪女是洛德的遺產繼承人，她反對這椿婚事。但洛德逐漸惡化的健康狀況替他們下了決定。他在1884年逝世。狄金生曾寫道：「我的房子是雪的房子——真正的——悲傷的——寥寥無幾。」

狄金生的「雪的房子」。

🌾 白雪皚皚的安默斯特主街，從中可以看出奧斯丁為植樹付出的努力。第一公理教堂位於右側，左側隱約可見的是常青之屋。

艾蜜莉 · 狄金生花園的冬季

> 「經過栽培的冬天
>
> 和春天一樣適於耕種」
>
> ——*F# 1720，無日期*

　　安默斯特的冬季是黑暗的。白晝短暫。步入冬季的第一天，太陽大約在 4 點半落下。家宅前的主街上無人清掃積雪。積雪被踩得硬實，車伕更換了馬車車輪。人們從馬廄裡拿出雪橇，由於雪橇太過安靜，所以必須掛上鈴鐺警示行人。冬天是由「雪橇鈴聲的日子」所構成的，狄金生寫道，她還記得年輕時參加滑雪派對與滑雪橇的經驗。孩子們會

🌿 被雪覆蓋的常青之屋小路，約於 1885 年拍攝。

在對街的狄金生家牧草原中結了凍的淺水灘上溜冰。清澈的天上常飄盪著一片片冰冷的羽狀捲雲。在暴風雪來臨前，雲朵會聚集成厚重的深灰色。空氣聞起來像雪。

　　你可以透過測量降雪來得知冬季的深度。狄金生的花園在冬季的大部分時間都覆蓋著白雪，宛如月球表面。雪好似一片寒冷卻能存留生命的毯子，防止冒出土壤表面的植物因結凍與解凍而出現凍脹現象，也避免其脆弱的根被殺死。雪依附在房屋周遭的樹上，替樹木上了一層釉，把它們變成精緻的甜點；烘焙師使用「霜飾」和「糖霜」這兩個字不是沒有原因的。

　　某些暴風雨的降水令人困惑，它們會在空氣將近冰點時從液體變化成固體。狄金生曾稱之為「冬天的銀色裂痕」。房子與穀倉的屋簷有

水流下的位置垂掛著急速形成的鐘乳石狀冰柱，越往下靠近末端就越尖細。在冰融的日子，屋簷下十分危險。樹枝在陽光中輕輕閃爍。

狄金生花園中的冬季，是屬於樹的時節。

葉子落光的樹木是優雅的骨架，在天空的映襯下顯現出銳利的輪廓。它們捨棄了葉子的遮蔽，展現其自身細緻準確的結構。橡樹的枝椏是互生的，而楓樹的枝椏則是對生。冬季讓人看見修剪的切痕。果樹的枝條常被剪掉，目的是為了讓果實長得更好，或是為了在靠近樹中心的位置清出空間，讓明年成熟的果實能接受陽光。定期修剪的時間長了之後，這些樹木便宛如雕刻品。

狄金生家宅與常青之屋附近的樹木，一一展露出各自的型貌：橡樹拉直寬闊的肩膀、沿著主街生長的美國榆樹看起來彷彿花瓶、楓樹是橢圓形的、洋槐顯得彎曲迂迴，光裸樹枝上的巢穴（鳥巢和松鼠窩），原形畢露。

現在，輪到樹皮粗糙的樹木登上指揮台了：銀色樹幹的櫸木看起來仿若大象、白樺樹用片狀剝落的亮白色樹皮嘲弄積雪、梧桐樹的樹皮像衰老的皮膚一樣裂成白色、灰色和棕色的碎片，脫離斑斑點點的樹幹。我們可以發現，狄金生在一首詩的最後一節，提及梧桐樹，把梧桐樹的棕色樹皮拿去和肉桂或沒藥做比較。沒藥是《聖經》中東方三賢替死者塗抹油膏用的：

死者哪裡在乎，雄雞－
死者哪裡在乎白日？
你的陽光已無法打擾他們的臉－
早晨的－紫色歡鬧亦然

流瀉到他們臉上

如流瀉到石匠
昨日蓋的那層牆壁，
同樣無動於衷冷淡－

死者哪裡在乎夏季
夏至沒有太陽
能在它們的大門前耗盡白雪
而那隻鳥知道一首曲調－

能震動他們密合的耳朵
在所有鳥中是
這一隻－被人類所愛
從今往後受到珍視－

死者哪裡在乎冬季？
他們自身已輕易結凍－
在六月中午－如同一月夜晚－
就像南方－把她梧桐－
或肉桂般的－微風
存在一塊石頭裡
然後又放一塊石頭來保暖－
以這樣傳香味－給予人類－

　　　　——F# 624, 1863

　　此外，針葉樹是許多花園在冬季的支撐結構或骨架；狄金生的花
園也不例外。

　　它們的深色針葉和白色呈現強烈對比。鐵杉因雪而垂下枝椏：「我
的花園是底下藏著一張張臉龐的小土丘，」狄金生寫道，「如今鳥缺席

了，只剩下松木在歌唱。」她能從樓上的窗戶聽見與看見一株巨大的白色松樹長滿針葉的樹枝。兩棟房子之間的小徑以及車道上有更多松樹所投下的陰影。她把這首有關松樹的詩，寄給她的朋友山謬爾·鮑爾斯，並隨信附上了一簇松針，已確保他能解讀：

一支羽毛來自夜鷹
牠能永遠－歌唱！
牠的門廊－是日出－
牠的歌劇－是泉原－

牠綠寶石的巢穴是年代以
柔和－私語的線紡織出來的－
它綠玉的蛋，是男學童
在「休息」時－抬頭尋找！
——F# 208, 1861

雪白松樹的針葉是黛青色的，柔軟如羽毛，總是一小束、一小束地長在樹上。風吹過時使針葉震動、使松樹歌唱。孕育種子的毬果是綠寶石的顏色，彷彿一顆一顆淺淡的海青色寶石。

有些日子，強風掃過狄金生家宅，把外面的積雪全都颳走。裸露的花園充滿鬼魂。芍藥這一類的多年生植物徹底死亡，只留下一團團落葉，像是蛇褪下的皮。它們充滿水分的莖

狄金生曾在詩中描寫過「綠玉石般的蛋」，照片中即為兩顆蛋。

在初次結凍時，便徹底硬化了，接著在冬日的陽光下脫水。灰色的葉片、中空的枝幹、最後一次怒放的乾燥花序。被遺留在花園中的植物只留下去年的殘株，樹冠孤身隻影，它們的生長點正努力積蓄能量，要在春天再次萌芽。這是冬季花園對往昔的懷念，也是一種希冀。

如同鋼製的掃把
雪和風
掃過了冬季街道－
房子被拴住了
太陽派出
微弱的熱力警察－
在鳥遨翔的地方
寂靜捆綁著
他巨大的－漫步的駿馬
地窖中躲藏的那顆蘋果
唯有它在玩耍。

──F# 1241, 1872

　　生長季節的穩定產出都儲藏在家中的地窖裡了。狄金生往下走進「地窖包廂」後，可以在那裡找到夏天收成的作物。蘋果、根莖類蔬菜、一罐醃水果。或者，她會拿著通往水果酒地窖的鑰匙，拿出一罐酒：醋栗酒（currant wine），又或者是馬姆齊酒（Malmsey），這是她母親喜歡喝的一種馬德拉酒（Madeira）。

　　朝向房子正前方的兩扇地窖窗戶之間有一個櫥櫃，他們把剛烤好的薑餅拿到這裡放涼。當時沒有冰箱，只能用冰盒裝著當地池塘切來的冰塊，因此，狄金生家只能靠著寒冷乾燥的地窖儲藏食物。

在布里斯目錄冊中,尋找夏天並非
難事。

或許艾蜜莉和維妮從 1881 年冬季的
B‧K‧布里斯目錄冊中,買了一些圖
片上的三色堇。

　　冬季也是屬於苗圃目錄冊的
季節,這些冊子像許多雪花一樣
飛進了郵箱裡。狄金生家對於目
錄冊所唱的海妖之歌,毫無抵抗
之力。在 1881 年的冬季,艾蜜莉
描述維妮在「布里斯目錄冊(*Bliss
catalog*)」裡,探勘夏季。

　　布里斯目錄冊對那年所有罹
患了春日狂熱的園丁來說,都是一
大福音。1881 年的目錄冊是一本
厚達 141 頁並額外加上附錄的厚重
冊子。版畫能誘拐人心,而彩色平
版印刷的三色堇則可以確保所有園
丁都會展開訂購表格。B‧K‧布
里斯是美國首批創立的種子郵購公
司,一開始公司設立在麻州春田,
之後搬到了紐約市。他們在 1853
年使用彩色平版印刷發行了第一份
目錄冊,將許多新品種的蔬菜與花
朵引進美國花園中,其中,也包括
了狄金生家位於主街的花園。

　　園丁在苗圃或在目錄冊上購
物時,時常會偏好購買稀有品種。
不常見的植物將賦予園丁自誇的權
利;鮮少有事能勝過成為周遭鄰里

第一個種下某種植物的人。在 1800 年代晚期，最新的流行就是進口植物。例如：奧斯丁就在常青之屋種了歐洲雲杉（Picea abies）。狄金生的其中一首詩描繪了人類移植植物的過程；

就像某一朵寒帶的小花
在極區邊緣－
沿著緯度向下漫遊
直到疑惑地抵達
至夏季的大陸－
至太陽的蒼穹－
至奇異、明亮、擁擠的花朵－
還有鳥，說著異國語言！
我說，就像這朵小花
至伊甸園，走入迷途－
接下來呢？那麼沒什麼的，
只有，你自此的「推斷」！
──F# 177, 1860

　　艾蜜莉‧狄金生也在她溫室的植物中，尋找夏天，因為冬天的溫室「和春天一樣適於耕種」。她描繪瑞香長出了一簇簇嬌小而香甜的雪白花朵，就像「比較文明的藤地莓」。重新考慮後，她補充道：「這句話的意涵不太公平，因為這兩種植物都一樣美麗、一樣令人愉快，不是嗎？」

　　另外一個愉快的來源，是促進（forcing）球根的生長。狄金生在寄給朋友的信中寫道：「我在窗邊種滿風信子，藉此創造了一道永恆的彩虹，科學界知道這件事後一定會很高興，我還種了一整個推車的石竹，簡直配得上錫蘭！」

瑪蒂認為風信子的芬芳會讓她聯想到艾蜜莉姑姑冬天時的房間，「因為球根在陽光下的樣子對她來說有一種神祕的吸引力，那些小小的盆栽擠在四個窗戶的窗臺上，把不情不願的春天帶進了空氣中。」3月時，狄金生寫信給朋友：「我真想給你看看那些可愛到令我們汗顏的風信子，雖

說在花朵面前感到畏縮或許並不明智——但美麗常是羞怯——或更常是——痛苦。」

促進球根生長，具有一種隱密的歡愉。雖然她可能會在見到球根植物的美時畏縮，但她永遠也不會在種植它們時退卻。

隨著冬季逐漸遠離，氣象預報也變得不甚穩定。艾蜜莉還是個女孩時對此充滿熱情：「我們已經連續遇上好天氣一、兩週了，不是嗎？衰老的冬天似乎忘記了自己是誰。你難道不覺得他十分心不在焉嗎？」她在年長後用更成熟的散文描述這種不穩定的天氣：「它在安默斯特發狂了五天——它降雪，接著降雨，接著薄紗似的柔軟霧氣垂掛在所有房屋之上，之後白晝轉為黃玉，正是淑女別針上的那種寶石。」暮冬有時是個固執的季節。但隨著白晝逐漸延伸進入春季，最後的雪維持不了太久。狄金生把它們稱為過客。

冬季很好－它霜白之喜悅
產生扭曲的妙味－
給予醺醉於夏季，或世俗的

有知識的人－

平凡如同採石場
又旺盛－如同玫瑰－
苛刻地被邀請
但他在離開時受歡迎。

　　　　──F# 1374, 1875

　　從窗戶望出去，她見證了花園裡的每一個季節，她的「當年度的
緞帶」。無論月份幾何，她的花園總是能帶來作詩的靈感。而如今我們
得以證明，她的詩確實是多年生的：

風景的一個角度－
每次我醒來－
介於我的窗簾與牆壁間
透過充足的裂縫－

而彷彿等待著的－威尼斯人－
勾引我張開的眼－
只是長著蘋果的一條樹枝－
在空中傾斜著－

煙囪的樣貌－
山丘的前額－
有時－風標的食指－
但那是－偶爾的－

這些季節－轉變－我的圖像－

在我綠寶石般的樹枝上，
我醒來－發現沒有－綠寶石
接著－鑽石－是白雪

來自北極的箱子－為我拿來的－
煙囪－和山丘－
和僅有尖塔的手指－
這些－永遠沒有半分擾動－
　　——F# 578, 1863

艾蜜莉·狄金生過世於 1886 年 5 月 15 日，享年 56 歲。根據醫師診斷，其死因是慢性腎病布萊特氏病（Bright's disease）。她的家人在 4 天後於家中起居室舉辦喪禮。她身上穿著白洋裝，喉頭放著幾朵菫菜和一朵杓蘭。維妮將天芥菜放在她手邊，讓她帶給洛德法官。

蘇珊在白色的棺材裡布置了菫菜和石松。喪禮結束後，狄金生家的工人抬起棺材。他們從房子後方走出去，抬著棺材穿越花園。那是一個明麗的春季午後。蘋果花裝飾著蘋果樹。梅布爾·陶德還記得：「接著，我們全都靜靜地穿行過陽光下開滿了毛茛花的純潔田野，抵達墓地。」她被埋在家族墓地裡，上面立了一塊刻著她的名字縮寫「E·E·D」的簡約墓碑。但她的故事並未就此結束。

狄金生在臨終指示中，要妹妹負責毀掉所有屬於她的紙張。請設身處地的想想。她坐在姊姊的空房間裡，或許就坐在充滿使用痕跡的寫字桌前。她拉開櫻桃木櫥櫃的抽屜，拿出一疊疊——累積了十幾年的——親友通信。她很傷心，但她要盡責，她把信件放到一邊。後來她把這些信燒了。但接著她找到了令人吃驚的東西——艾蜜莉親自用靈巧

🌱 「這些季節──轉變──我的圖像。」私人收藏家提供給安默斯特學院特藏區的銀板相片，約於 1859 年拍攝。部分有力證據能證明右側的女子是狄金生的朋友凱特・史考特・特勒（Kate Scott Turner）。有些學者主張左側女子是成年的艾蜜莉・狄金生。

的雙手寫下並藏起來的詩作。幸好拉維妮亞・狄金生無法痛下決心把這些詩作銷毀，後人才有幸能讀到它們。詩作的數量有好幾百首，其中包括了 40 多本手縫的小冊子以及許多未縫成詩冊的詩篇。

　　學者把這些小冊子稱做「分冊」（fascicle）。這個名字很合適，因為在生物學中，「fascicle」指的是「簇生」，意思是一簇的葉子或花朵或莖從同一個基部生長出來。艾蜜莉・狄金生的作品經過審慎的謄寫、排序與裝訂，而她的小小批註──她會劃下一個小十字，標註字詞的不同選擇──就像她的植物標本冊一樣，是經過仔細排列與連結的。「我在兒時從來不種多年生植物之外的種子──這就是為什麼我的花園能延續。」狄金生寫道。

∴ ·Ranunculaceae
Ranunculus . Crowfoot. Buttercup.
R. R. bulbosus . Bulbous C. or B.

Taunton June 29.'93.

🌱 毛茛在艾蜜莉·狄金生下葬的那天盛開；海倫·
夏普繪製。

🦋 後來艾蜜莉‧狄金生的姪女,將艾蜜莉原本的墓碑換成一塊雕刻得較爲精細的墓碑。

拉維妮亞‧狄金生心裡懷揣著她後來稱之為「聖女貞德之感」的情緒,把這些詩稿先拿去給住在隔壁的嫂嫂。蘇珊‧狄金生選擇把它們慢慢寄給期刊。但這對維妮來說太慢了。維妮把稿子從常青之屋拿回來,穿越主街,直奔「山谷」去找梅布爾‧魯米斯‧陶德。詩作就此由陶德接手,她不斷遊說湯姆士‧溫特沃斯‧希根森,說在他推遲了這麼多年之後,應該要面對這些值得出版的詩作。陶德耗費數天、數小時、數年辨認手寫的原稿,追蹤狄金生的信件。她用古老的打字機轉譯詩人彎曲細長的字跡,替詩稿做好排字印刷的準備。梅布爾‧魯米斯‧陶德的錫杖花成了第一版狄金生詩集的美麗封面。

艾蜜莉‧狄金生對於出版的看法一直很矛盾。她在一首詩的開頭寫道:「出版—是拍賣/人心」。她以寒冷的隱喻繼續寫道:「但我們−寧願/從我們的閣樓/回到潔白的造物主−/而不願意投資−我們的雪。」她投資她的白雪——她的詩——的方法,是把它們儲藏在櫻桃木櫥櫃裡,等新的季節到來後,看著它們被印刷成冊。

🦋 艾蜜莉‧狄金生第一版詩作的封面。

Part 2

綠意盎然，
再造一座詩人花園
A Poet's Gardens

Planting a Poet's Garden

─ 灌溉 ─

一座詩人的花園

　　每一座花園都有自己固定的位置。花園與地點密不可分：當地的土層、土壤的成分。狄金生家宅和常青之屋的花園，是沙質壤土（sandy loam），這是遠古時代的花崗岩所形成的一種土，這種土可以算是定義了新英格蘭的特質。狄金生家上的凹溝與土畦，輕聲訴說著古代的故事，迴響著最後一次的冰川作用。從地質學上來說，人類大約在同一個時期跨越了白令陸橋進入北美，安默斯特周遭的土地逐漸定型成如今的樣貌。

　　有鑑於此，如果你想要種植一個類似艾蜜莉・狄金生的花園，要先從土壤開始著手。

　　狄金生家的工人會鋪一層好土，或在加了土壤改良物的土壤中耕作：從馬廄與穀倉取出完全腐爛的天然肥料，再加上木頭灰燼或洗衣間的洗衣水，藉由裡面的鹼「軟化」土壤。或許，他們還會添加商店買來的肥料。鎮上的小販哈斯丁（Hasting）廣告過他賣的鳥糞與過磷酸石

安默斯特附近的高山、丘陵和谷地；歐拉・懷特・希區考克繪製。

灰。艾蜜莉・狄金生記錄了提高土壤肥沃度的步驟，不過，後來她把這些步驟歸類成適合非洲地區的方法。

燧石般的土，若不斷耕耘－
會償還農夫的手－
棕櫚的種子，在利比亞的炎日下
沙子裏結實－
　　　　——擷取自 F# 862, 1864

〔翻譯引用自《我居住在可能裏：艾蜜莉・狄金生詩選 II》（木馬文化出版；賴威傑 George W. Lytle、董恒秀譯）〕

　　面對已做好準備的土壤，園丁的下一步就是加上植物。

　　艾蜜莉・狄金生在寫作方面、鋼琴鍵上與花園中，都具有即興創作的天賦。她不害怕使用文字、音符與花朵製造新排列，她嘗試過許多新

艾蜜莉·狄金生在整理好的花圃上，種植了風鈴草等植物。

植物，從 B·K·布里斯等目錄冊上採購新種子。此外她還會在當地採購。斯皮爾先生（Mr. Speare）的店就位於主街旁的費尼克斯街 1 號（No. 1 Phoenix Row），他在當地報紙上廣告店內販賣的「花朵種子（一年生、兩年生和多年生）」。而在 1866 年 5 月 3 日的《漢普夏快報》（*Hampshire Express*）上，湯姆士·賈德（Thomas Judd）與兒子廣告他們開設在南哈德利瀑布區（South Hadley Falls）的日內瓦苗圃所提供的「開花樹叢、溫室植物、球根等」。

想要種植艾蜜莉·狄金生花園的園丁，必須扮演各種不同的角色，其中包括了植物與花的傳播者和助產士。光是種植種子這個簡單動作，就能使生命從休眠中甦醒。狄金生曾寫道：「能夠發芽的建議那麼少」，但種子比建議還要容易發芽多了。她抓住了種子萌芽而出的瞬間，變形的胚種伸出胚根向下長，莖則往上方的光源延伸：

渴望像種子
在泥土裏搏鬥，
相信若幹旋成功
終會被發現。

時間，還有風土－
每個狀況都不可知
要有怎樣的堅定不移
在看到太陽之前！
——F# 1298, 1873

〔翻譯引用自《我居住在可能裏：艾蜜莉·狄金生詩選 II》（木馬文化出版；賴威傑 George W. Lytle、董恒秀譯）〕

在接受穩定的溫暖、水分與流逝的時間之後，小巧的圓形子葉冒出頭來。新生幼苗消耗了來自種子本身的營養，直到開始行光合作用為止。種子就像幼苗扛在背上的食物儲藏室。

就像小孩對客人說了「晚安」
接著不情願地轉向－
我的花朵抬起它們美麗的嘴唇
然後穿上它們的睡袍。

就像小孩一醒來就玩耍亂跑－
歡喜著黎明的到來－
我那來自一百張嬰兒床的花朵們
將起來，再次跳躍嬉戲。

——F# 127, 1859

她為繁殖做的努力並非總是成功。狄金生曾有一位朋友從加州剪了一枝開花植物給她，幾週後，她坦承道：「盛開的美麗花朵終究凋零了，這是所有懂花之人都知道的魔咒，它們拒絕了土壤與空氣要它們落地生根的勸說，正如偉大的花匠曾說過的：『花朵永遠不會在其他氣候中成長。』」（「偉大的花匠」指的是約翰·米爾頓〔John Milton〕，她引用的句子來自《失樂園》〔Paradise Lost〕）花朵的發展不同於亞當肋骨那樣的故事，使莖生根這件事並不需要

艾蜜莉·狄金生的園藝工作之一是播種。

神聖力量的干預——不過當莖真的生根時，又宛如是一個小小的奇蹟。

　　一年生植物與兩年生植物會自行繁殖，落下隔年發芽的種子，吸引著棲息在每個園丁心中的小小的洋基佬節儉精神（Yankee thrift）。在生長季節自行發芽的植物有可能會受到園丁賞識，也可能被挖走或送人。自行繁殖的植物放鬆花園，等同園藝的深呼吸。新種植好的花園可能會顯得比較僵硬、規畫成對稱的排列組合。而自行繁殖的植物則會在它們想出現的地方，突然冒出頭。它們在花園裡增加重複的元素，把各種事物連結在一起。

　　園丁需要經過練習，才能適當處理自行繁殖植物帶來的益處。在看著新發出來的小苗時，園丁可能無比焦慮，無法決定它到底是山羊還是綿羊？是雜草還是植物？允許花園裡的植物自行繁殖也可能會使園丁除草的力度減弱，你的人格特質或許適合這樣的狀態，也或許不適合。

　　種子需要一點時間才能在正確的溫度中發芽，所以它們全都會在生長季節時出現。如果你非常喜歡井然有序的環境，如果你太常除草、不斷耕作或覆土過多，那些自行繁殖的植物大軍有可能會全軍覆沒。在面對毛地黃這一類的兩年生植物時，園丁必須耐心等待，因為它們要長到第二年才會開花。

　　在論及自行繁殖的植物時，艾蜜莉‧狄金生曾在和她的表妹芬妮聊到她妹妹時誇張地寫道：「露在溫室的架子上留下了一杯豌豆，我要把它們留在那裡，直到它們長出莢果，把自己種植在上層抽屜裡，我猜它們到時候會在感恩節開花。」請試試看一些自行繁殖的植物吧！它們值得你的耐心等待。

　　狄金生喜愛花園裡的色彩。她曾寫道她正「從我的紫色花園裡抓取最驕傲的那株百日花」。雖然她種植的花朵顏色橫越整個光譜，但她似乎特別偏愛冷色調：粉色與藍色，紫色與靛色，再加上形成對比的白

色。湯姆士‧溫特沃斯‧希根森寫給狄金生的信，讓我們有機會一窺狄金生的調色盤：

真希望你能看見田野上的那些百合，黃色與嫣紅色，那是用我們在聖誕節剛收到的水彩畫出來的色彩。這些不是你最喜歡的顏色，我自己最喜歡的則或許是天藍色與金色——但我們應該學著去愛護與培育這些生命中的鮮活色調。

毛地黃是其中一種自行繁殖的兩年生植物，它會吸引蜜蜂和其它授粉者到艾蜜莉‧狄金生的花園。

或許瑪蒂在把姑姑的花園稱做「蝴蝶的烏托邦」時，也回想起了花朵的顏色。蝴蝶是太陽的敬拜者，它們的身體一直在等待著能讓它們飛翔的更高溫。它們尤其會被明亮的顏色吸引——紫色、紅色、黃色和粉色——它們來到家宅的花園蒐集花蜜並產卵。狄金生如此描寫它們：

蝴蝶成仙衣裝
垂掛在綠玉髓*的套間－
這天下午穿上－

多麼屈就地降落
成為毛茛的朋友
在一座新英格蘭城鎮－
　　——F# 1329, 1874

* chrysoprase 一種綠色寶石，和帝王斑蝶的蛹顏色相同。

✻ 帝王斑蝶在家宅花園內，吸食馬利筋的花蜜。

　　無論是在「新英格蘭城鎮」或其他地方，只要你希望蝴蝶降落，你的花園就必須在開花季節提供花朵。現在，我們常聽說植物與授粉者之間的夥伴關係——馬利筋和帝王斑蝶之間的特殊適應關係（譯註：帝王斑蝶的幼蟲只吃馬利筋的葉子）就是一例。

　　19 世紀的博物學家也很清楚這一點。湯姆士·溫特沃斯·希根森曾在人類居住地與近郊從波士頓往西擴張時，替消失的的原生野花哀悼。他在哀悼後接著道：「而隨著這些植物逐漸消逝，獵捕它們的特定昆蟲也跟著離開了。」

　　有些昆蟲特別挑剔，例如：蝴蝶會為卵與幼蟲尋找特定的寄主植物。有些比較友善的寄主植物，是種了花與香草的花園中會出現的典型植物，其他寄主植物則只會出現在牧草原上。毛蟲化蛹後，會躲進它們

的蝶蛹中，羽化變成蝴蝶再破蛹而出，這時它們的需求會出現些微的變化。它們需要陽光、水源和許多花蜜。

就如同人類在吃自助餐時，會以外表和氣味決定要吃哪些菜餚一樣，蝴蝶也會四處搜尋，沿著曲折迂迴的飛行路線，尋找呈色鮮明且香味濃重的花。它們比較偏愛構造適合降落的花——像紫苑一樣平攤開來的結構或者像蕾絲花那樣的繖形花序（umbel）。這兩種花都出現在狄金生的植物標本冊裡，再加上輪葉馬利筋和柳葉馬利筋這一類的寄主植物，以及包括蜀葵和紅花三葉草等許多花蜜來源。

我們可以從狄金生的文字中，知道她十分留意昆蟲，而曾和奧斯丁與蘇珊的孩子一起玩的鄰家男孩麥奎格·詹金斯的回憶，也肯定了這一點。你幾乎能聽見她的叫聲正從溫室的門口傳來。「『快過來，』她說，『過來看看它多漂亮。』……〔他〕跟在她後面，她指著一隻美麗的蛾，它才剛破繭而出，正繞著花朵振翅飛舞。」她是不是在花園裡的其中一株植物上找到繭的呢？

狄金生為植物、授粉者與它們稱為家的地方留下了一份處方箋。

造一座大草原需要一株苜蓿與單一蜜蜂，
單一苜蓿，與一隻蜜蜂，
與幻想。
僅僅幻想就能獨立完成，
若缺少蜜蜂。
——F#1779，無日期

〔翻譯引用自《我居住在可能裏：艾蜜莉·狄金生詩選 II》（木馬文化出版；賴威傑 George W. Lytle、董恒秀譯）〕

在這個氣候變遷的時代，光靠遐想已遠遠不足了；遞減的多樣性

令人越來越憂心。雖然狄金生從來沒聽過「瀕危物種」這個詞，但她當時已經理解這個詞的意義了。在她最常為野花外出遠足的那段期間，年輕的艾蜜莉就已經注意到改變了。「附近的野花不多了，因為女孩們把它們驅趕到遠處了，」她在信中寫道，「我們必須走很長一段距離才能找到它們。」若我們夠幸運，有機會能照顧一小片土地的話，我們就可以靠著在那裡種植當地物種，把多樣性補充回來。

🦋 蝴蝶需要吃什麼食物，取決於它處於生命週期的哪一個階段。

所以，無論你是要製作植物標本冊、要在窗臺種植「永恆的彩虹」，還是想擁有「像一片海灘」的花園，都可以從 P.242 的植物清單開始著手。找一間聲譽良好又能提供根莖、幼苗和種子的苗圃，或可靠的朋友。只要投注努力並細心留意，就能像艾蜜莉・狄金生一樣獲得珍珠般的收成。

除了我們的喜愛它們別無所求－
那些土壤的寵兒－
它們將所有面容交予我們
只為一抹吝嗇笑容－
　　——F# 908, 1865

Visiting a Poet's Garden

— 拜訪 —
詩人的祕密花園

　　拉維妮亞在姊姊離世後，在狄金生家宅獨居了 13 年，直到 1899 年 8 月逝世。她在這段期間持續照顧花園。每年秋天，維妮都會從穀倉取一些熟成的堆肥，改善灌木叢與玫瑰花叢下的土壤。有一年，工人告訴她蘇珊把所有堆肥都用在她的花圃上了。一位朋友發現維妮因為這件事氣得引發了痛苦的心悸。為堆肥而吵架？所有園丁都知道這種黑色黃金的真正價值有多高。

　　此外，狄金生的出版品帶來了另一種不同的黃金。羅伯茲兄弟出版社（Roberts Brothers）在 1890 年 10 月出版的第一本詩集，其收錄了 125 首詩，發行當天就被一搶而空，於同年再版了好幾次。1891 年接著出版的是《詩作，第二輯》（*Poems, Second Series*）。這兩本書大受歡迎，使得眾人把焦點放在書籍的主要編輯梅布爾·魯米斯·陶德身上。陶德才華洋溢又口齒伶俐，她在讀書會和演講中推廣這位詩人。在 1894 年，她出版了兩冊一套的《艾蜜莉·狄金生的信》（*The Letters of Emily*

Dickinson），該書的前言中包含了一段對於狄金生花園的敘述：

老花園依舊每年滿溢著芳香與色彩。各種色調的風信子大軍在春日的陽光下如同脫韁的野馬，同時蘋果樹下的翠草上隱約可見番紅花和水仙，一株大型木蘭對著藍天舉起它粉色的小酒杯，嫣紅色的山楂花使灰綠色的角落也變得明亮。

接著是玫瑰和一排排豌豆，數量眾多的金蓮花和穩定擴張的蜀葵，它們全都喜氣洋洋地和巨大的檸檬馬鞭草樹叢連結在一起。再晚一點出現的是秋日的榮光，櫻桃鼠尾草、明豔的百日花、萬壽菊和成簇的菊花一一現身，直到「排排種子」，11 月在沉睡的花朵之上疊起她棕色的罩袍。

在拉維妮亞·狄金生死後，瑪莎·「瑪蒂」·狄金生（她後來與一位俄羅斯帝國騎兵團上尉亞歷山大·畢安其結婚後又離婚），繼承了家宅。畢安其女士把房子出租給房客，而後在 1916 年把房子賣了。房子的新主人是帕克（Parkes）一家人，他們拆除穀倉，加了一間停車間。此外，他們的重建計畫也改建了艾蜜莉的溫室。在同一次翻新整修中，他們對外牆的亮色油漆進行噴砂處理，露出下方的原始紅磚：這並非當時的流行，而是殖民式復興風格。

帕克一家人打造了一個充滿筆直花床的低地花園（這同樣也符合殖民式復興風格），用草皮覆蓋了艾蜜莉曾熟知的大片花卉與菜園。他們還在這片土地的遠處角落建了一座網球場。隨著時間流逝，整齊的鐵杉樹籬變成了成排的大樹，接著被替換掉，新的植物再一次長成了成排的大樹。裝飾用的木籬笆年久失修，被直接移除，所幸還有一扇柵欄門和幾片柵欄被收進了停車間。

狄金生的家宅看起來和詩人住在這裡的時候，大相逕庭。奧斯丁在這兩棟房子周圍種下的樹只剩下寥寥幾株。1938 年，安默斯特遇上了一次異常嚴重的颶風災害。滂沱大雨把康乃狄克河谷的土壤淋得溼透；當時的降水量在三天內達到了 8 吋。9 月 21 日，颶風眼經過了安默斯特，隨之而來的是時速 100 英里的狂風，巨大的樹木從浸透的土壤中被連根拔起，許多大樹被攔腰折斷。經歷這次天災後，原本旁邊種植了一排排行道樹的安默斯特街道，變成了由傾倒樹幹構成的迷宮。

　　在狄金生家的兩棟房子周圍，總共有 100 多棵樹被吹倒。艾蜜莉·狄金生的松樹全軍覆沒。「這一區十分罕見的四棵黑核桃樹都倒了，還有橡樹、雲杉、松樹、榆樹、一顆壯觀的鵝掌楸和幾株山核桃也倒了。失去這些樹木帶來的損失或許遠高於個人的財產損失。」下列這首詩似乎預見了這個景象：

風帶起了北方的事物－
把它們堆疊在南方－
接著把東方給予西方
再打開他的嘴
地球的四個區域
表現出吞噬的樣貌
此時一切都在駭人的力量背後
潛逃至角落－

風往它的房間吹去
大自然外出冒險－
她散掉的臣民摸索回到原位
她的體系左右排列整齊

再次有煙從住處升起
廣泛的白日又可聽到－
多麼親切，暴風雨過後
鳥兒的喜悅－
　　　　——F# 1152, 1868

　　值得慶幸的是，狄金生家牧草原上有一株白橡樹存活了下來。這棵橡樹矗立在家宅的東南方，就在讀書室和溫室的外面。奧斯丁當時明智地選擇了這個位置，留下空間讓樹枝能往側邊繼續生長。如今這株橡樹的枝椏橫越了 50 呎的草坪。一般認為這種樹的屬名「Quercus」是凱爾特的文字（Celtic word），意思是「詢問」。艾蜜莉・狄金生也的確詢問了這株橡樹：

我掠奪了樹林－
信任他人的樹林－
毫無疑心的樹林－
帶走它們的芒刺與苔蘚－
討好我的幻想－
我好奇地細看它們的小飾品－
我抓起－我奪取－
嚴肅的鐵杉會怎麼－
橡樹會怎麼說？
　　　　——F# 57A, 1859

　　花點時間看看白橡樹的一片樹葉，你會發現它的形狀非常簡單，就像小孩子畫出來的一樣。這是裂狀葉。到了冬天，乾枯的橡樹葉片有時會碎裂開來，只留下葉緣與葉脈連在一起。曾有一位評論家說艾

🌾 狄金生家宅中最古老的樹，是奧斯丁的白橡樹，位於家宅的東南方。

蜜莉・狄金生的詩「讓他聯想到極其美麗但卻太過脆弱的透明葉脈骨架，不具有足以出版的強壯力量。」然而時間證明了他是錯的。

安默斯特學院在 1965 年向帕克一家人買下狄金生家宅。在那之後的許多年間，那裡都是學院教職員的宿舍，學院特別指派了一位管理人，讓他按照指定時間開放房子供人參觀。在 2003 年，瑪莎・狄金生・畢安其基金會，把常青之屋交給了安默斯特學院，讓學院把兩棟房子與其周遭地產合併成一座博物館。

艾蜜莉・狄金生博物館是個優良的管家，把這裡帶回了艾蜜莉在此生活時的模樣。磚牆變回了愛德華・狄金生選擇的淡黃赭色與米白色調。博物館顯得一絲不苟。有一位研究生花了一整個學期調查狄金生

家的籬笆和柵欄，從倉庫裡拿出剩餘的部分進行測量，又分析油漆，繪製了數張按比例縮小的圖。在如今的狄金生博物館邊陲，重建的石柱、圍欄與柵欄門沿著主街成排林立；閉上眼睛，你幾乎能聽見奧斯丁・狄金生命令的聲音：「孩子，把門關上！」

🌿 狄金生家與常青之屋外的柵欄與樹籬已修復，看起來和狄金生在世時一樣。

如果你在夏天造訪博物館，可能會遇到奇妙的挖掘行動。可能會有考古學者、實習學生和志工圍繞在一塊被切成正方形的草皮周圍，小心翼翼地過篩與移動土壤。他們是麻州大學的考古部門（Archaeological Services）指派過來，尋找特定的標的。「穀倉的確切地點在哪裡？通往花園的鋪石小路有被移動過嗎？一路上的所有人造物──或者你也可

以稱做遺物——都被挖掘出土、裝袋並帶去分析。」考古學與其他研究方法得到的結果，使博物館得以在未來修復這片土地。

🌱 愛德華‧狄金生和奧斯丁‧狄金生都認為，柵欄門應該關緊。

其中，最早的一個考古學計畫把目標放在溫室，從 1916 年一直到 2016 年間，原本的溫室只剩下房子正前方外牆上的一小片殘留痕跡。考古學家找到了過去的階梯地基。與建築技術有關的線索一一浮現，其中包括了曾使用在木框牆與木質地板上的釘子。帕克一家人奉行優良的洋基佬節儉精神，在 1916 年把絕大部分的溫室都拿去回收利用了：窗戶裝在新的停車間裡、櫥櫃門與百葉窗用在停車間的屋頂橡架上。2017 年，經過仔細重建的溫室剪綵開張了。訪客可以穿越愛德華‧狄金生的藏書室，走進艾蜜莉‧狄金生的「香料群島」之中。

艾蜜莉的臥室是整個博物館最吸睛的地點。臥室從 2013 年（也就是家宅建成的 200 週年）開始，經過了兩年的改造。臥室裡除了艾蜜莉‧狄金生的雪橇床之外，還有一個方形的小寫作桌和櫻桃木櫥櫃，博物館的工作人員依據地板上的磨損痕跡判斷這些家具的原本位置，一一歸位。在天花板裝飾條底下發現的殘存舊壁紙碎片，被用來重建成玫瑰花覆蓋的壁紙。他們把 20 世紀的單色壁紙改成粉紫色玫瑰、綠葉與彎曲枝條彼此交織的明亮壁紙；這樣的改變令人驚艷。

從前我們只能想像身穿白洋裝的艾蜜莉‧狄金生存在於白茫茫的空間裡，如今，我們有了具體的畫面，能看見她在一個看起來像花園的

✿ 詩人的房間。

房間內寫作。

　　屋外的景色逐步回歸成艾蜜莉·狄金生、她的家人與工人能認得的熟悉樣貌。網球場消失了。樹木獲得良好照顧。在 2009 年，瑪莎·萊昂景觀設計公司（Martha Lyon Landscape Architecture）以書面報告與行動方案記錄下這裡的景觀。第一階段的結果來得十分迅速。1400 呎長的新樹籬取代了先前過度生長又受到疾病侵害的鐵杉樹，至今那些新樹籬依然定期接受園丁的修剪與仔細照顧。他們目前正在進行的計畫是重建兩棟房子之間的步道，以及奧斯丁和蘇珊那座如畫風格的花園。

　　近日博物館在東南方靠近三角街的那片向陽角落，種植了一小片

果園。他們鼓勵「嗡嗡海盜」入住鄰近的石製蜂巢，十分樂見蜜蜂頻繁造訪附近花圃需要授粉的植物。志工果農法蘭西斯・馬丁（Francis Martin）把長在這裡的一株老蘋果樹照顧到再次開始結果。經過鑑定後，他認為這株蘋果樹是耐寒的麻州原生蘋果「托曼甜蘋果」（Tolman Sweet）的實生苗後代。一般來說，不太會有人拿蘋果種子來種蘋果

🌿 藝術家維多利亞・狄金生是其中一位志工，她和其他安默斯特學院的園藝學家一起照顧花園。

樹——實生苗長出的果樹會不同於親代果樹——因此這株果樹是獨一無二的。博物館為了替此株蘋果樹命名而舉辦了一次投票，最後決定的名字是狄金生甜蘋果（Dickinson Sweeting）。現在或許有更多人能「拿到／從我父親樹上掉落的漂亮蘋果！」

若艾蜜莉・狄金生能時間旅行到現代，她可能會發現在父親這兩片地產之外的安默斯特地景看起來既熟悉又陌生。行道樹變了。在狄金生的後半段人生中，人們在家宅正前方的人行步道與路緣石塊之間的邊界種植了一排堅實的幼樹。那些樹都不見了。當時的行道樹是美國榆樹（Ulmus americana），是奧斯丁和安默斯特觀賞樹木協會偏愛的選擇。

這種榆樹是北美以東的原生種，由於外型獨特，非常適合作為行道樹。美國榆樹的枝椏會從樹冠繼續往上與往外生長，彎曲成高花瓶的形狀，完美地以上方枝葉提供遮陰功能，又不會遮蔽下方的行車視野。安默斯特只有寥寥幾株榆樹在荷蘭榆樹病之後存活下來。長喙黴屬（Ceratocystis）的真菌會堵塞樹木的維管束系統，殺死寄主，這種真菌源自從歐洲船運至美國的榆樹木材，其透過生物連鎖反應傳播至各地。

它的孢子沿著街道底下的樹根傳播，還會搭樹皮甲蟲的順風車，擴大感染範圍。城市與野外的榆樹大量死亡。這種疾病改變了美國地景，類似的疫情還有栗樹枝枯病（the chestnut blight）、鐵杉半翅目毛蟲（the hemlock wooly adelgid）和光臘瘦吉丁蟲（the emerald ash borer）等，族繁不及備載。

死亡宛若昆蟲
脅迫樹木，
有能力殺掉它，
但它能被誘騙離開。

以香脂引誘之，
以鋸子尋找之，
阻礙它，若它使你付出
擁有的一切為代價。

之後，若它已鑽了洞
超出你能力所及－
那麼扭斷這株樹並放棄它。
這就是害蟲的決心。
——F#1783，無日期

　　雖然損失了大量樹木，但安默斯特依然是一個鬱鬱蔥蔥的社區，這都要歸功於市民與政府的共同努力，其中也包括了一項城市森林復育計畫，該計畫從 2013 年開始種下了 1000 多棵樹。

　　如今你依然可以漫步到春街 90 號的「山谷」，也就是大衛‧陶德和梅布爾‧陶德那棟有拱型前廊的安妮皇后風格精緻小屋。梅布爾當初

選擇將屋瓦漆成紅色並以綠色做為邊緣點綴，但如今這些顏色不復存在，且這裡依然是私人住家，不過距離常青之屋和狄金生家宅只要 3 分鐘的路程。在狄金生的年代，她家的牧草原一路延展至梅布爾家，如今卻已蓋滿了房子與五花八門的店家。「山谷」周圍由奧斯丁創作的花園已然消失，但你可以在春街與狄金生街的轉角找到他在鋪路時，建造的兩座石階中的其中一座；那座石階是狄金生家牧草原最東南的角落。

另一個從狄金生時代延續至今的石製建築是第一公理會教堂：只要沿著主街走一小段，就會在靠近小鎮的地方看到這棟建築。教堂位於常青之屋的斜對角，奧斯丁・狄金生在 1867 年協助監督這項建築工程，在這之後，他花了後半輩子的時間處理教堂的景觀設計。他的妹妹艾蜜莉從頭到尾都沒有參加打造公理會教堂的計畫。在她年輕的時候，她都是去安默斯特學院對面的南普萊森街的那棟圓頂黃建築做禮拜。如今座落在那裡的是金融與商業辦公室。穿過這條街再爬上山丘後，你將經過第一座學院溫室「八角屋」，以及艾蜜莉還是安默斯特書院的學生時參加講座課程的那棟建築。

安默斯特學院的佛斯特圖書館是以詩人羅伯特・佛斯特（Robert Frost）所命名，他曾在 1920 年代至 1960 年代進安默斯特教書。圖書館的興建地點是沃克會堂的舊址，大衛・陶德曾在這棟會堂擁有一間辦公室，梅布爾則曾在這裡擁有一間藝術工作室。圖書館中有大量與狄金生相關的收藏品，其中之最是 1847 年的銀板相片，以及狄金生寫在她重複利用紙張上的「片段詩作」。這是梅布爾・陶德和大衛・陶德的女兒蜜麗森・陶德・賓漢捐給安默斯特學院的。她把母親擁有的其他文件交給了耶魯大學。1950 年，瑪莎・狄金生・畢安其的繼承人把大量與

艾蜜莉・狄金生有關的文獻和財產都賣給了哈佛的一位研究生，研究生把它們全送給母校了。其中包括了數本分冊、信件、畫像、家具和那本植物標本冊。

由奧斯丁・狄金生、佛得瑞克・洛・歐姆斯德和卡爾福特・沃克斯等人，共同設計而成的安默斯特學院雖已經歷過大幅擴張，但依然把過去的建築保存得很好。

校園中心的建築呈現開放的馬蹄形排列，安默斯特學院抗拒誘惑，沒有建造新大樓使之成為封閉的方形。如今，當你站在佛斯特圖書館前方時，只要放眼展望前方的草坪，你的視線將越過戰爭紀念廣場，眺望聖枷山脈，這樣的景致能鼓勵學生擁有更開放的思想。

安默斯特的公園是一片地形起伏的綠地，邊緣種了許多樹木，中央是開闊的草地。在天氣溫暖的時節，學生們會到這裡讀書，沉浸在陽光中。在生長季節，公園每週都會舉辦農夫市集、各式各樣的展覽會與慶典。安默斯特公共圖書館系統的主力瓊斯博物館（Jones Library）位於亞米堤街，距離公園兩個街區的距離。圖書館特藏區有大量關於艾蜜莉・狄金生與她稱之為家的這個城鎮的相關資料。圖書館對面的停車場前方有一塊用以紀念安默斯特書院舊址的石碑。

從瓊斯圖書館出發，走一小段路便會抵達隔壁的安默斯特歷史學會博物館（Amherst Historical Society's Museum），該博物館建築是18世紀建成的史壯住屋（Strong House）。雖然博物館的開放時間不長，但絕對值得你在時間允許的狀況下安排一趟參觀行程。裡面展示了一件真的曾經屬於艾蜜莉・狄金生的白洋裝——家宅裡的洋裝是這件洋裝的複製品。裡面還有一些與梅布爾・魯米斯・陶德有關的展品，她是組織此學會的主要推動者之一。這些展品包含了陶德的幾幅傑出畫作的樣品——主題有植物學和蝴蝶——還有她在佩勒姆與因州霍格島參與過哪

些保育活動的細節。

　　雖然安默斯特和周遭的社區都已為了保護空地費盡心血，但若你從家宅出發，在短程步行範圍內的綠地其實少之又少。狄金生想必會認可附近的許多新事物，包括鎮上的鐵軌系統、各個公園保護起來的野花、「山谷」周圍的保留區——紫水晶溪、凹谷（the Notch）、斯金納州立公園（Skinner State Park）、聖枷山、康提國家魚類與野生動物保護區（Conte National Fish and Wildlife Refuge）、高崖野生動物保護區（High Ledges Wildlife Sanctuary），以及沿著福特河鋪設的艾蜜莉‧狄金生小徑。你依然能在這些保留區找到狄金生曾壓制在植物標本冊中的花朵，其中也包括了低矮的侏儒人參。但請記得當地的警語：「帶走的只有照片，留下的只有腳印。」

　　市鎮中心的北方是麻州大學，那裡的杜菲植物屋在 1950 年代於原址重建，是個適合參觀的地點。從大學往東走 1 英里，你會看到懷德伍

艾蜜莉、拉維妮亞和她們的父母都葬在西區墓園中。

得墓園（Wildwood Cemetery），那是艾蜜莉曾在 1846 年造訪的康橋奧本山的縮小版本。奧斯丁・狄金生在晚年設計了懷德伍得的蜿蜒小路與起伏地勢，這是一個占地 74 英畝的嶄新畫布，能讓他展現景觀園藝的藝術。懷德伍得就像奧本山墓園一樣，墓地被鑲嵌進一片田園風光中，四處都種滿了精心挑選的樹木。奧斯丁在 1895 年下葬於懷德伍得墓園，位於他兒子吉伯特旁邊。蘇珊・狄金生和兩個較年長的孩子最後也在同一塊家族墓地長眠。你也可以在懷德伍得墓園裡找到梅布爾・魯米斯・陶德的墳墓，就在她丈夫與女兒旁邊。梅布爾的墓碑上刻著她為艾蜜莉・狄金生繪製的錫杖花。

艾蜜莉的墳墓位於西區墓園，從狄金生家宅往三角街走 10 分鐘便能抵達。狄金生家族墓地旁圍了一圈裝飾鐵籬笆。她長眠在妹妹與父母之間。原本的墓碑已消失，她的姪女用一塊新墓碑取代，上面刻著三個字：「蒙恩召」（Called Back）。這是她最後寫下的三個字，她在過世前幾天把這三個字寄給她的表妹。無論在什麼季節，甚至在地面結了霜的時候，你都能在這裡看到許多人因仰慕而留下的一朵花、一塊石頭、一隻鉛筆或其他紀念物。

若艾蜜莉・狄金生如今再次回到這個家，她將能在花園中找出熟悉的景色，一如藝術歷史學家能在修復過的器皿上找到最原初的碎片。古老的花岡岩鋪石小路依舊通往花圃。奧斯丁的橡樹現在壯觀極了。許多她認識的植物依然繼續在這裡生長。芍藥仍舊在每年春天從土壤裡戳出它們的紅鼻子。丁香花的老樹叢年年盛放，繼續吸引熊蜂前來。我最後一次在博物館的花園裡工作時，馬利筋上仍然有兩種型態的帝王斑蝶——在花冠吸取花蜜的蝴蝶與啃食樹葉的幼蟲——無覺於隱喻，卻是蛻變的實質證明。

🌿 艾蜜莉・狄金生將會認出她的花園。

Emily Dickinson's Plants

－ 栽種 －

花園中的植物一欄表

　　在本文的表格中列出了艾蜜莉‧狄金生的「土壤寵兒」，也就是她曾種植過或知道的植物。我在表格中區分了狄金生家曾經種植的植物，以及狄金生與親友記錄過、並且出現在植物標本冊上的野外植物。

　　考量你可能會想種植可食用的植物，我把觀賞用植物和人工種植的水果與蔬菜區分開來了。

　　除了植物標本冊和生物學課程之外，她通常不會以學名指稱植物，至少在寫作時不會。而關於植物表格的說明，如下：

- ✿ 「植物學名」欄位包括了已知的屬名與種小名。
- ✿ 「詩」欄位的數字出自富蘭克林版編號（Franklin edition）。
- ✿ 「信件」欄位的數字出自江森版編號（Johnson edition）。
- ✿ 「植物標本冊」欄位的數字是植物標本冊的頁碼，標本冊目前存放在霍頓圖書館（Houghton Library），在 2006 年翻印了摹本。

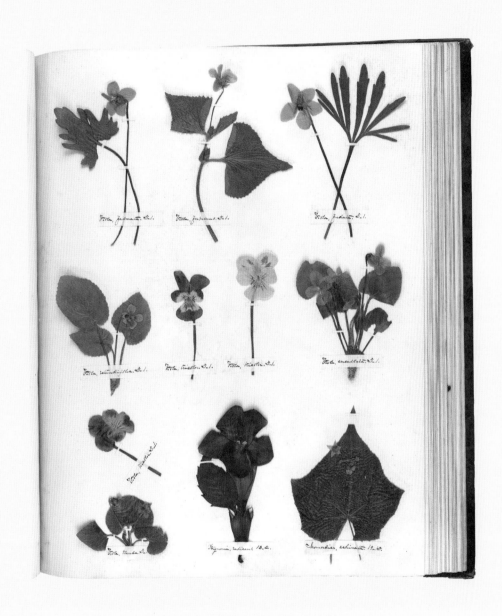

🌱 艾蜜莉‧狄金生的花園內、植物標本冊中和周遭地區，都有許多不同品種的三色堇。

植物學名引用的是由瑞蒙·安吉羅（Raymond Angelo）編輯的哈佛版物種辨認與分類，唯有在那之後因命名法的變動而改變學名的物種會跟著改變學名。

⚘ 「原生種」表格的記號表示該植物是美國東北原生種。

⚘ 「備註」表格以縮寫指出與狄金生一家人同年代的參考資料來源：

AA/PRES ＝艾黛兒·艾倫（Adele Allen），〈第一位總統的家——回憶錄〉（The First President's House—A Reminiscence）。

BLS/HAMP ＝巴頓·李維·聖阿蒙德（Barton Levi St. Armand），〈鑰匙保管者：瑪莉·漢普森，常青之屋與其中的藝術〉（Keeper of the Keys: Mary Hampson, the Evergreens and the Art Within）。

JL/YRS ＝傑·萊達（Jay Leyda），《艾蜜莉·狄金生的年歲與時刻》（*The Years and Hours of Emily Dickinson*），第一、二冊

LD/DIA ＝拉維妮亞·狄金生的日記，來自布朗大學圖書館特藏區（Brown University Library Special Collections）的瑪莎·狄金生·畢安其（Martha Dickinson Bianchi）部分文獻，1834 年至 1980 年，Ms. 2010.046。

MASS ＝《麻州植物、樹木與灌木農業目錄》（*Massachusetts Agricultural Catalogue of Plants, Trees and Shrubs*），1878 年。

MDB/EDIS ＝瑪莎·狄金生·畢安其，《艾蜜莉·狄金生國際學會會報》（*Emily Dickinson International Society Bulletin*）。

MDB/F2F ＝瑪莎·狄金生·畢安其，《與艾蜜莉·狄金生面對面》（*Emily Dickinson Face to Face*）。

MDB/L&L ＝瑪莎·狄金生·畢安其，《艾蜜莉·狄金生的生活

與書信》（*The Life and Letters of Emily Dickinson*）。

　　MDB/REC ＝瑪莎·狄金生·畢安其，《一名鄉下女孩的回憶》（*Recollections of a Country Girl*）。

　　MJ/F&N ＝麥奎格·詹金斯（MacGregor Jenkins），《艾蜜莉·狄金生：朋友與鄰居》（*Emily Dickinson: Friend and Neighbor*）。

　　MLT/LET ＝梅布爾·魯米斯·陶德編輯，《艾蜜莉·狄金生的書信：1845-1886》（*The Letters of Emily Dickinson: 1845–1886*）。

　　PL/A&M ＝波麗·隆斯沃（Polly Longsworth），《奧斯丁與梅布爾》（*Austin and Mabel*）。

　　SGD/AE ＝蘇珊·吉伯特·狄金生，〈常青之屋編年史〉（The Annals of the Evergreens）。

　　STORM ＝瓊斯大學特藏區內（Jones Library Special Collections），日期為 1938 年 10 月 1 日並與 9 月 21 日的颶風對於狄金生地產造成的損害有關的簡報。

　　TREES ＝《安默斯特的樹木》（*Trees of Amherst*）。

木蘭至今依舊在狄金生家宅的花園中，盛開著。

狄金生家種植的一年生植物與多年生植物			
名稱 學名	出處： 詩、信件、植物標本冊、其他	北美 原生種	備註
滿天星 Gypsophila	其他　MDB/EDIS: 2		這種高大的一年生植物會在夏季開出宛如泡沫的白花，狄金生很有可能因此覺得她的花園「像一片海灘」。
荷包牡丹 Lamprocapnos spectabilis	其他　MASS: 7, MDB/EDIS: 2		荷包牡丹有弧型的枝條，上面垂掛著心型花朵。它的花只開一天，在夏季消失無蹤，等到下個春季才會在次出現。
艾 Artemisia	其他　MASS: 1, MDB/EDIS: 2		灰綠色葉片的多年生植物。杜菲的目錄中有兩個品種：灌木艾草（Argentea）和艾蒿（Stellaria）。
仙人掌 Cactaceae	詩　367 植物標本冊　56, 64		狄金生曾寫道「我的仙人掌一裂開她的鬍子一／展現她的喉頭一」，她寫的有可能是蟹爪蘭屬（Schlumbergera）的植物，又稱做聖誕仙人掌或感恩節仙人掌。
花菱草（加州罌粟） Eschscholzia californica	詩　1442 植物標本冊　43 其他　MDB/EDIS: 4		俗名罌粟花（poppy）的植物分成兩個屬，狄金生的植物標本冊中則兩者植物都有。畢安其曾提到狄金生的花園中有野生的罌粟花，而加州罌粟花和虞美人都會自播繁殖。
馬蹄蓮（海芋） Zantedeschia aethiopica	其他　MDB/L&L: 53		瑪莎・狄金生・畢安其在描述溫室時把馬蹄蓮稱做「復活海芋」。狄金生想必十分贊同用這個綽號，稱呼這種白花的球根植物。
石竹 Dianthus	詩　82, 367 信件　235, 279, 585, 882, 962, 969, 1034 植物標本冊　56, 59		石竹屬有許多不同品種的植物，花朵芬芳多產，花朵整齊。狄金生種過許多石竹，不過她常用「紅色石竹」這一類的模糊用語來描述它們。下列「丁香康乃馨」與「粉紅康乃馨」條目另外列出了兩個能辨別的品種。
分株假紫萁 Osmundastrum cinnamomeum	詩　90 信件　213, 394, 472, 506, 696 植物標本冊　17 其他　MDB/F2F: 39	X	狄金生在部分信件與詩中提及了「蕨類」，不過沒有詳細分辨物種。畢安其說溫室中種有蕨類，也同樣沒有指明品種。本清單中另列出了東北多足蕨與紫萁。

菊花 Dendranthema	其他　MDB/EDIS: 2		畢安其曾說過花園裡那些耐寒的菊花「聞起來像感恩節」。
西洋耬斗菜（夢幻草） Aquilegia canadensis	詩　30 植物標本冊　50	X	一種原生野花與雜交的庭園花，狄金生在她的詩「我種下我的一盛典」中暗示她把西洋耬斗菜種在花圃，並再壓乾放進植物標本冊。
虞美人 Papaver rhoeas	信件　513, 647 植物標本冊　32 其他　MDB/EDIS: 4, MDB/F2F: 39		狄金生在植物標本冊中將此物種誤判爲Papaver somniferum，也就是鴉片罌粟。然而鮮紅色的虞美人，比較接近她用來和太陽做比較的「雲朵間的罌粟花」。
番紅花 Crocus	詩　16, 30, 85 信件　207, 279, 372, 1041 其他　MDB/EDIS: 2		狄金生說番紅花是「軍人」很可能是它挺直的姿態看起來顯得十分好戰。一般而言，番紅花每年都會從她地底下的球根長出來，在暮冬或早春開花。
皇冠貝母 Fritillaria imperialis	信件　92		皇冠貝母是外表華麗的百合科植物，塔狀的花序常出現在花壇邊界。狄金生在早年信件中把她的朋友（後來的嫂嫂）蘇珊・吉伯特拿來和皇冠貝母相提並論，藉此表明她對蘇珊的重視。
水仙 Narcissus	詩　81, 85, 92, 150, 213, 266, 296, 347, 641, 744, 755, 958 信件　1041 植物標本冊　57 其他　MDB/EDIS: 2, MDB/F2F: 39		狄金生的植物標本冊中有六種水仙，全都仔細地貼在同一頁。其中口紅水仙（Narcissus poeticus），俗稱「詩人的水仙」（narcissus）。它們經常出現在她的詩裡，由此可見，她對這種春季開花的球根植物非常熟悉，甚至特別喜愛。
法國菊（春白菊、牛眼菊） Leucanthemum vulgare	詩　19, 20, 30, 36, 41, 63, 72, 75, 85, 87, 95, 106, 108, 149, 161, 184, 238, 256, 319, 363, 365, 367, 424, 460, 985, 1014, 1256 信件　182, 195, 204, 207, 222, 233, 234, 248, 293, 301, 307, 506 植物標本冊　8		狄金生有時會用「菊」作爲筆名，在寄信給她特別尊敬的紳士時尤其常出現。狄金生在植物標本冊第 8 頁中，特別安排了牛眼菊（Oxeye Daisy）的陳列方式。法國菊是英國原生物種，由早期殖民者帶到美國，經常出現在新英格蘭的田野與草坪中，北美各地都有它的蹤影。從狄金生的信可以知道她在花園裡種了好幾種菊。她寫下的「矮雛菊一點畫」指的可能是雛菊（Bellis perennis）。
勿忘我 Myosotis laxa	信件　499 植物標本冊　32		這種熱烈的二年生植物能自行繁殖，又非常多產，會出現在詩人花園中的各個角落。當狄金生建議一種「對他人之愛的解毒劑」時，她在一封給詹金斯家的信裡，就附上一枝勿忘我。

檸檬萱草（北黃花菜） Hemerocallis lilioasphodelus	信件　342a 植物標本冊　26 其他　MDB/EDIS: 2		希根森曾描述狄金生用「開兩天的萱草（譯註：通常萱草花朵只開一天，英文俗稱 day lily）」對他自我介紹。依照朱迪斯‧法爾（Judith Farr）在《艾蜜莉‧狄金生的花園》（*The Gardens of Emily Dickinson*）中的描述，當時狄金生拿的有可能是萱草（Hemerocallis fulva）。畢安其曾提過花園裡有「古典的黃色萱草」。她指的有可能是 Hemerocallis lilioasphodelus，又稱檸檬萱草，植物標本冊中也有這種萱草，是一種經過長期栽培、花朵芳香的植物。
紫茉莉 Mirabilis jalapa	信件　294 植物標本冊　52		紫茉莉又名「四點鐘」。狄金生調皮的在一封信中提到四點鐘可能會敲五點鐘。
毛地黃 Digitalis purpurea	詩　207 植物標本冊　29		如果「酒醉的蜜蜂」在狄金生的花園裡找到了毛地黃，那麼她就是它們的「地主」。
吊鐘花 Fuchsia hybrida F. magellanica	詩　367 信件　279 植物標本冊　36		維妮的貓偶爾會跑進「餐廳之外的花園」咬吊鐘花，但這種植物的花依然開得很好。狄金生以充滿詩意的方式寫它們的花苞，她是這樣說的「珊瑚色細縫／綻開時一種植者一正入夢一」。狄金生種的吊鐘花有可能是雜交而成的，不過在植物標本冊中的品種幾乎算不上是第 6 區植物（譯註：美國以寒冷程度將美洲從北到南分成 1 至 11 區，植物也同樣依耐寒程度分成 1 區至 11 區，1 區冬天最冷，植物最耐寒，11 區冬天最不冷，植物最不耐寒。）
鳳仙花 Impatiens balsamina	詩　1783 植物標本冊　4		鳳仙花是鳳仙花屬中較高的一種，總是自播繁殖。授粉者容易受鳳仙花吸引，狄金生在詩 1783 中建議園丁可以用鳳仙花當誘餌來捕捉昆蟲。
天竺葵 Pelargonium，品系包括： 大花天竺葵 （P. domesticum） 蘋果天竺葵 （P. odoratissimum） 常春藤天竺葵 （P. peltatum） 橡葉天竺葵 （P. quercifolium）	詩　367, 473 信件　178, 200, 235, 272, 285, 401, 718, 746 植物標本冊　33 其他　MASS: 3-4, MDB/ EDIS: 4, MDB/REC: 6		天竺葵時常出現在狄金生的信件中。狄金生家的天竺葵可能種在盆栽裡面，冬天放在溫室，夏天則放在露天門廊。她在植物標本冊的其中一頁裡安排了七種天竺葵的花與葉。

丁香康乃馨 Dianthus caryophyllus	信件　228, 279 其他　MDB/EDIS: 4	狄金生在 2 月寄給諾可羅斯兩位表妹的信中，列舉了她異想天開的溫室植物清單，其中就包括了「丁香康乃馨、洋紅康乃馨」。
唐菖蒲（劍蘭） Gladiolus	其他　MDB/EDIS: 4	雖然狄金生從來沒提到過這種植物，但畢安其記得拉維妮亞姑姑的花園裡有唐菖蒲。
葡萄風信子 Muscari botryoides	植物標本冊　30	帶有香氣的耐寒球根植物，很容易自行繁殖。
三色菫 Viola tricolor	詩　167 信件　417, 435 植物標本冊　46 其他　MASS: 6, MDB/EDIS: 4	狄金生在植物標本冊中蒐集的菫菜屬植物，既有來自野外的菫菜，也有這種嬌小的花園三色菫。經花園歷史學家梅·布洛利·希爾（May Brawley Hill）的鑑定，艾蜜莉·狄金生在銀板相片中拿的花束，正是三色菫。
香水草 Heliotropium arborescens	信件　279 植物標本冊　37 其他　JL/YRS 2: 361, MDB/ F2F: 4, 9, MASS: 4	香水草的紫色花朵氣味芬芳，使人聯想到櫻桃派剛出爐時，令人垂涎三尺的香氣。在被陽光加熱的溫室中，若有狄金生所寫的「長滿窗臺的香水草」，想必空氣中瀰漫的味道，一定十分迷人。
蜀葵 Alcea rosea	信件　203, 771, 1004 植物標本冊　31 其他　MDB/REC: 4, MLT/LET	畢安其曾提到，在兩棟房子之間的小路邊緣有許多尖塔狀的蜀葵，蜀葵後方的背景則是常綠樹。梅布爾·魯米斯·陶德畫了一幅蜀葵給艾蜜莉和拉維妮亞，她在 1885 年夏天寄給狄金生的信件中，曾熱情地提到這件事。
玉簪 Hosta plantaginea	其他　MDB/EDIS: 2	玉簪在 19 世紀後半葉非常受歡迎，當時一般人把玉簪（hosta）稱之為「funkia」，畢安其稱之為「八月萱草」。不同於其他較晚開花的品種，這種玉簪花莖筆直，白色的花朵會散發強烈香氣。
風信子 Hyacinthus orientalis	詩　367, 967 信件　799, 807, 823, 882, 885, 969 植物標本冊　45 其他　JL/YRS 2: 361, MDB/ EDIS: 2, MDB/F2F: 39, 45, MDB/REC: 287, MLT/LET	風信子的顏色豔麗，香氣濃郁，狄金生深受其吸引。她冬季時在溫室中與臥室窗臺上促進風信子的球根生長，也在花園裡種植風信子。她曾剪下風信子，連同香水草一起送給梅布爾·魯米斯·陶德。
長筒紫茉莉 Mirabilis longiflora	其他　AA/PRES	艾黛兒·艾倫（Adele Allen）記得家宅的花園裡，曾種了「長筒紫茉莉」。

百合 Lilium	詩 137, 147, 166, 559, 759 信件 285, 308, 405, 904, 952, 1040 其他 MDB/EDIS: 4, MDB/ F2F: 9, MDB/L&L: 53	若眞有人因爲植物而發狂的：用狄金生的話來說就是「著迷於球根的瘋子」，百合球根的鱗狀結構和迷人花瓣絕對是呼聲最高的候選人之一。狄金生把植物標本冊的其中一個標本標示爲 L. candidum，也就是聖母百合，但其實她是把普通的黃萱草誤認成聖母百合了。畢安其曾提及日本百合、虎斑百合與聖母百合。
鈴蘭 Convallaria majalis	信件 163, 901 植物標本冊 42 其他 MDB/EDIS: 2	狄金生把鈴蘭（lily-of-the-valley）稱做山谷百合（vale lily），但無論你用什麼名字稱呼它們，白色鈴鐺花都一樣充滿芬芳。畢安其說他們會買鈴蘭去裝飾家族墓地。
萬壽菊 Tagetes	其他 MDB/EDIS: 2, MDB/ F2F: 39, MLT/LET	畢安其記得同樣較晚開花的萬壽菊和菊花，會以辛香味彼此競爭。雖然畢安其和陶德都曾提及萬壽菊，但狄金生從來沒有提到過這種植物。
木樨草 Reseda odorata	信件 279, 286, 478 植物標本冊 58 其他 MASS: 5, MDB/EDIS: 2	畢安其說家宅的花園裡有「好幾平方碼」的木樨草。有鑑於木樨草向來以濃烈的香氣聞名，詩人的花園想必充滿芬芳的氣味。
牽牛 Ipomoea coccinea（橙紅 蔦蘿） Ipomoea purpurea（圓葉 牽牛）	詩 214, 470 信件 267 植物標本冊 21	狄金生對牽牛至少是熟悉的。牽牛曾出現在一封信與兩首詩中，不過狄金生並沒有描述其園藝性狀，只是以隱喻的方式提及。植物標本冊中有一朵無標籤的紅色小牽牛花和幾朵較常見的紫色牽牛花。
小蔓長春花 Vinca minor	植物標本冊 55 其他 MDB/EDIS: 2	艾蜜莉・諾可羅羅斯・狄金生很喜歡這種藤蔓長青的藍色花朵，根據她的孫女瑪莎的描述，她允許這種植物隨意「亂跑」。
金蓮花 Tropaeolum majus	信件 375 植物標本冊 42 其他 MASS: 4, MDB/EDIS: 2, MLT/LET	根據畢安其和陶德的描述，金蓮花在夏季時於狄金生的花園中大量繁殖，直到結霜時期爲止。
三色菫（園藝品種） Viola ×hybrid	信件 435 其他 MASS: 6, MDB/EDIS: 4	狄金生在寄給湯姆士・溫特沃斯・希根森的信中，附上了壓乾的三色菫。畢安其描述花園「擠滿了它們的臉龐，無禮的黃色、嚴肅的黑色、絳紅色、紫色和白色。」

芍藥 Paeonia lactiflora	信件　206 其他　MDB/EDIS: 2, MDB/ F2F: 39	畢安其將之稱爲「結業典禮的芍藥」，到了夏季，粉紅色、紅色與白色的芍藥會和金蓮花一起在花圃上盛放。
康乃馨 Dianthus caryophyllus	信件　235	邊緣呈鋸齒狀的康乃馨通常在初夏開花。狄金生也把它們稱做丁香康乃馨（Gilliflower）。
報春花或黃花九輪草 Primula veris	詩　1422 植物標本冊　45, 48	狄金生把黃花九輪草從報春花中區分出來，指明它們是不同的植物。
金魚草 Antirrhinum majus	植物標本冊　15, 53 其他　MDB/EDIS: 2, 4	雖然金魚草沒有出現在詩或信件中，但畢安其曾在花園俱樂部談話時特別提及過。這種植物也在植物標本冊中出現過兩次，顯見詩人知道這種植物。
鈴蘭水仙（雪花蓮） Galanthus nivalis	詩　79	不斷點頭的鈴蘭水仙對自己所屬的季節十分忠誠，它依附於多天、大約在春分時消失。鈴蘭水仙曾出現在早期的詩作中，但我們無從得知鈴蘭水仙是否曾從北普萊森街轉移到狄金生家。狄金生誤將植物標本冊中的伯利恆之星標示爲鈴蘭水仙。
伯利恆之星 Ornithogalum umbellatum	植物標本冊　30 其他　AA/PRES	只有一份資料指出狄金生在花園裡種植了這種充滿活力的球根植物。若你在自己的花園也種了此種植物，請特別注意，因爲它充滿活力，有可能會掌控大局。它的俗名來自星狀的白色花朵。狄金生在植物標本冊裡把此物種的標本誤認爲鈴蘭水仙。
紫羅蘭 Matthiola incana	詩　36, 266 植物標本冊　9	狄金生詩作中的「芬芳的『紫羅蘭』」會長出鮮嫩的花朵，散發出芬芳。
非洲鳳仙花 Impatiens walleriana	信件　235, 655, 676, 677, 746 植物標本冊　30	英文 Sultan 蘇丹這個名字來自非洲的尚吉巴（Zanzibar）。如今我們通稱爲鳳仙花（impatien）。
香雪球 Lobularia maritima	信件　279, 286	狄金生曾描述過溫室中種了許多香雪球。一般園丁也能在戶外花園用種子輕而易擧地種出香雪球。
白花草木樨（甜三葉草） Melilotus alba	信件　432, 779, 860 植物標本冊　13 其他　AA/PRES	白花草木樨的外型細長，穗狀的黃花或紅花香氣宜人，與一般人較熟悉的白色或紫色三葉草不同。

香豌豆 Lathyrus odoratus	信件　267, 1004 其他　MDB/F2F: 39		畢安其曾描述過「一排排」的香豌豆沿著木椿和繫繩往上生長。
香矢車菊 Amberboa moschata	其他　MDB/EDIS: 4, MDB/F2F: 241		香矢車菊耐寒，絨毛狀的花朵有藍色、粉色和白色。能用來做乾燥花。
美女石竹 Dianthus barbatus	信件　235 植物標本冊　59 其他　MDB/EDIS: 2		「爸爸帶美女石竹來」了嗎？我們都很想知道答案。
鬱金香 Tulipa gesneriana	詩　15 植物標本冊　43		兩朵鬱金香，一朵在詩裡，一朵在植物標本冊中，這就是它們入選的原因。
酢漿草 Oalis，品種包括： 黃花酢漿草（O. stricta） 蒙大拿酢漿草（O. montana） 紫花酢漿草（O. violacea）	植物標本冊 45, 47, 16 其他　MASS: 4, MDB/L&L: 53	O	植物標本冊裡有三種不同的酢漿草。狄金生的姪子還記得她姑姑在溫室的吊籃裡種了香氣四溢的酢漿草。
百日草 Zinnia elegans	信件　195 植物標本冊　50 其他　MLT/LET		陶德還記得家宅附近的花圃在暮夏時長了「鮮豔的百日草」，狄金生也曾描寫過長在她「紫色花園」中的百日草。

狄金生家種植的樹木、灌木和木質藤本植物

寶塔山茱萸 Cornus alternifolia	植物標本冊　44	O	寶塔山茱萸是新英格蘭森林邊緣的原生種，對奧斯丁・狄金生來說，這是他能輕而易舉地移植至花園裡的樹木之一。艾蜜莉・狄金生在植物標本冊的同一頁中，放了兩種壓乾的山茱萸花作為該頁焦點。
藍雲杉 Picea pungens	其他　MDB/F2F: 137		畢安其曾描述她父親陪著佛得瑞克・洛・歐姆斯德和卡爾福特・沃克斯一起走出常青之屋，「到庭院邊緣地帶」去觀察一株藍雲杉。藍雲杉雖是北美西部的原生種，但直到 1881 年才因苗圃貿易進入新英格蘭。或許奧斯丁是從他在農業學院認識的人，或從歐姆斯德與沃克斯那裡早於其他人拿到藍雲杉。
美洲栗 Castanea dentata	詩　1414, 1670 信件　268, 271, 272, 375, 1041 植物標本冊　14 其他　BLS/HAMP, MDB/REC: 3	O	狄金生用美洲栗針刺的顏色，拿來和她的頭髮做比較。瑪莉・漢普森是畢安其過世後好幾年內唯一一住在常青之屋的人，她曾提到花園前面有兩種「人會吃的那種」美洲栗，都在 1920 年代裝設新人行道時，被移走了。

梔子花 Gardenia jasminoides 'Veitchii'	信件　513, 627, 655, 839 植物標本冊　41 其他　MASS: 4, MDB/F2F: 4, 9, 39, 42-43	狄金生把梔子花稱做「茉莉」（Jasmin，曾有一次寫作 Jasmine）。（譯註：梔子花的英文爲 Cape jasmine，茉莉的英文爲 jasmine。）此種植物是常綠灌木，花朵芬芳。她非常珍惜山謬爾‧鮑爾斯送給她的梔子花，常把強韌的花朵寄給特別的筆友，其中包括了湯姆士‧溫特沃斯‧希根森。這種植物對於低溫敏感，不適合在冰天凍地的安默斯特生存，狄金生家會在夏天把梔子花搬到東側的露天門廊，冬天搬進溫室。
鐵線蓮 Clematis occidentalis	詩　628 植物標本冊　16, 36 其他　MASS: 7	O 不同品種和品系的鐵線蓮，有各式各樣不同的花朵顏色與習性，其中有兩種北美原生種出現在狄金生的植物標本冊中。詩人把外型獨特的鐵線蓮瘦果上的宿存花柱描繪爲「活潑的鬈髮」。杜菲的目錄在 1878 年列出了 15 個品種。
紫丁香 Syringa vulgaris	詩　374, 1261, 1547 信件　502, 712 植物標本冊　51	至少，有其中一株長壽的紫丁香長得很靠近狄金生家的窗戶，足以讓狄金生在 1877 年 5 月的一個溫暖白日寫信時，看見一隻蜜蜂在精巧的圓錐花序上大快朵頤。對詩人來說，落日是一株「蒼穹紫丁香」。
瑞香 Daphne odora	信件　513, 637, 980, 1037 其他　MASS: 2, MDB/F2F: 39	瑞香是狄金生最喜歡的溫室花朵，至少在她寄給湯姆士‧溫特沃斯‧希根森的信中，是這麼說的。狄金生家的瑞香種在花盆裡，夏天會搬到戶外，小玻璃房裡想必滿是瑞香的香氣。
美國榆 Ulmus americana	詩　79 信件　184 其他　MASS: 10, MDB/REC: 3, STORM	O 奧斯丁‧狄金生和鄉村促進發展會社，在家宅和常青之屋旁邊種了美國榆作爲行道樹。
大花山茱萸 Cornus florida	植物標本冊　44	O 畢安其提到常青之屋外長了野生的山茱萸，她說的最有可能是大花山茱萸。
銀杏 Ginkgo biloba	其他　PL/A&M: 415, TREES: 19	1959 年出版的《安默斯特的樹木》（*Trees of Amherst*）描述常青之屋和安默斯特學院的校長房舍外種的銀杏「是奧斯丁‧狄金生種植的樹群之一」。常青之屋裡面也有種植銀杏。1897 年，梅布爾‧魯米斯‧陶德把奧斯丁替她在山谷種的銀杏，列入了「屬不清的可愛事物」清單之中。

山楂 Crataegus dodgei （道奇山楂）	植物標本冊　31 其他　MDB/REC: 4, MLT/LET	O	狄金生在許多信件中寫下「霍桑」這個字時，她指的是作者奈森尼爾‧霍桑（Nathaniel Hawthorne），而非觀賞用植物「山楂」（Hawthorn）。畢安其曾記錄常青之屋前方走道的兩側都種了山楂，陶德也描述過詩人花園裡有「嫣紅色的山楂花使灰綠色的角落也變得明亮」。
鐵杉 Tsuga canadensis （加拿大鐵杉）	詩　57, 137, 400, 710 信件　308, 309 其他　MASS: 11	O	我們可以想像得到，狄金生在冬季的某一天從臥室的其中一扇窗戶往外看，寫下「我想鐵杉喜歡站立／在雪的邊緣」。
山核桃 Carya	其他　STORM	O	麻州西部有許多原生種的山核桃，從最好辨認的粗樹皮山核桃（shagbark）、奶油山核桃（butternut）到毛山核桃（mockernut）都有，不過我們無從得知狄金生家種的是哪一種。
忍冬（金銀花） Lonicera canadensis （美國忍冬） Lonicera dioica （粉葉忍冬） Lonicera japonica （忍冬） Lonicera periclymenum （歐洲忍冬） Lonicera tatarica （新疆忍冬）	信件　165, 266 植物標本冊　4, 7, 50, 52, 62 其他　MDB/EDIS: 4, MDB/F2F: 5, MLT/LET		忍冬是吸引蜂鳥的強力磁鐵，狄金生把植物標本冊中的忍冬整理得很好。從頁面上的標本可以看出狄金生很熟悉，忍冬樹叢的原生種和引入品種，及其攀藤特性。畢安其記得在「小寫字桌前的面東窗戶外」有忍冬沿著格架往上爬。艾蜜莉和拉維妮亞種在花園框架上的忍冬，有可能是亞洲忍冬或歐洲的忍冬。只有美國忍冬和粉葉忍冬是原生種。
七葉樹 Aesculus	植物標本冊　26 其他　BLS/HAMP, MASS: 10		瑪莉‧漢普森還記得常青之屋有一株深粉色的七葉樹，有可能是紅花七葉樹（A. X carnea）。植物標本冊中則有歐洲七葉樹（A. hippocastanum）的標本。
貼梗海棠（木梨） Chaenomeles japonica	信件　830 植物標本冊　27 其他　MDB/REC: 91		狄金生把這種植物稱做「日本產的」（japonica），如今的園丁則大多稱之爲「花楹梓」（flowering quince）。貼梗海棠是一種高大的灌木植物，開花時間較早，狄金生曾在 1883 年 6 月寫信給朋友說，他們家的貼梗海棠長了一顆珍貴的蘋果。她用「蘋果」這個字其實很恰當，因爲貼梗海棠的果實的確形似蘋果。這兩種植物在分類學上同出一脈，都是薔薇科。

素馨 Jasminum officinale	詩　203, 309 信件　279, 399, 942 植物標本冊　1		植物標本冊第一頁左上角的第一個標本就是素馨。
黃素馨 Jasminum humile	詩　203, 309 信件　279, 399, 942 植物標本冊　1 其他　MASS: 4		被狄金生稱做 jessamine 的這種植物，令人有些疑惑。有些她稱做 jessamine 的植物經鑑定後確定為 Gelsemium，也就是卡羅萊納茉莉（Carolina jessamine），一種能大量蔓生、總是生氣勃勃的黃花藤本植物。畢安其還記得她姑姑曾在小溫室裡種過黃色的茉莉。考慮到 Gelsemium 的生長習性、狄金生家的溫室大小以及植物標本冊中的黃色茉莉的型態，狄金生稱做 jessamine 的植物較有可能是黃素馨。
檸檬馬鞭草 Aloysia triphylla	信件　212 其他　AA/PRES, MASS: 1		這種木本香草的花朵芬芳，葉片具柑橘香氣，適合用在烹飪、香草茶與香包上。
木蘭 Magnolia ×soulangeana （二喬木蘭）	信件　280 植物標本冊　10 其他　MDB/F2F: 136, MLT/ LET, TREES: 24	O	畢安其曾提到常青之屋的土地上種有木蘭。《安默斯特的樹木》將奧斯丁種植在安默斯特學院校長屋舍的木蘭，編入目錄中。陶德記得家宅有一種會開粉色花朵的品種，並在詳列奧斯丁種在她的家「山谷」裡的許多樹木與灌木時，把木蘭列在其中。
楓樹 Acer，包括山楓（Acer spicatum）	詩　21, 32, 915, 935, 1320 信件　235, 304 植物標本冊　20 其他　MASS: 10, STORM	O	奧斯丁於 1853 年至波士頓的學校教課時，艾蜜莉在寄給他的信中附了一塊楓糖。新英格蘭到處都有楓樹。它們為詩人標明了季節：春天產糖、夏天遮陰、秋天變成火一般的顏色。植物標本冊裡只有一種楓樹：A. spicatum，俗名山楓。
歐洲雲杉（挪威雲杉） Picea abies	其他　MASS: 11, MDB/REC: 4, TREES: 27		歐洲雲杉是顏色偏深的大型針葉樹，樹枝總是下垂，是 19 世紀美國地景園藝師最喜歡的一種植物。安默斯特花園俱樂部在 1959 年列出了常青之屋中種植的所有「大型樹木」的清單。畢安其回憶當時有一座「由松樹與雲杉所構成之連續不斷的沿牆」，形成他們家花園後方與兩座房子間的簾幕。
橡樹（與橡實） Quercus，包括： 白橡樹（Q. alba）	詩　55, 57, 301, 728, 882 信件　88, 417, 654, 801, 919, 976a	O	狄金生的詩不但提到了橡樹，也提到了橡實，她在其中一首詩中恰如其分地把橡實描述成森林的「蛋」。如今艾蜜莉・狄金生博物館

植物名	出處		說明
	其他　MASS: 11, MDB/REC: 8-9		中最巨大、最具有指標性的植物是一株白橡樹，這株橡樹的枝枒在整片草坪直至溫室東側投下陰影，是奧斯丁・狄金生種植的，如今它的根深植地底，枝葉繁密寬闊。
夾竹桃 Nerium oleander	植物標本冊　40 其他　MDB/F2F: 39, MLT/LET		狄金生把夾竹桃種在盆栽內，順應季節把盆栽搬到溫室或露天門廊。根據陶德的描述，狄金生把詩作「我們將經過而不分離」寄給朋友時，也附上了夾竹桃的枝條，上面綁著黑色蝴蝶結。附上這種植物似乎有些不祥，因爲夾竹桃是有毒的植物，但或許狄金生是希望收信者能多加小心。在花語中，夾竹桃代表的是警示。
石榴 Punica granatum	信件　513, 647 植物標本冊　32 其他　MDB/F2F: 39		畢安其曾提及他們夏天把種在盆栽內的石榴，放在露天門廊，那棵石榴開花時「對我們所有人來說都是一場盛宴」。
酒紅杜鵑 Rhododendron catawbiense	詩　642 其他　MDB/REC: 4	O	常靑之屋周遭至今依然有許多原生種的杜鵑，它們的葉子長靑，每年春天都開花。杜鵑的原生棲地向南延伸至阿帕拉契地區，在麻州西部有一些與外界隔絕的野生酒紅杜鵑群落；植物學家認爲這些群落是人爲引入的。
玫瑰 巴爾的摩美女（'Baltimore Belle'） 苔玫瑰（R. centifolia var. muscosa） 大馬士革玫瑰（R. damascena） 香葉玫瑰（R. eglanteria） 異味玫瑰（R. foetida） 印花法國玫瑰（Rosa gallica 'Versicolor'） 哈理森黃玫瑰（R. × harisonii） 肉桂玫瑰（R. majalis） 七姊妹玫瑰（Rosa multiflora 'Grevillei'） 原生種玫瑰（Rosa rugosa）	詩　4, 8, 10, 25, 32, 53, 54, 60, 63, 72, 96, 131, 147, 176, 266, 272, 367, 370, 465, 520, 545, 772, 806, 811, 852, 897, 915, 975, 1351, 1374, 1480, 1610 信件　189, 230, 266, 337, 399, 401, 417, 669, 685, 820, 844, 873 植物標本冊　39, 41, 50 其他　MASS: 5-6, MDB/EDIS: 2, MDB/F2F: 25, 39, Oral history interview, Jane Donahue Eberwein, 8/3/2018		狄金生對玫瑰的熱愛，似乎源自艾蜜莉・諾可羅斯。她在嫁給愛德華・狄金生時，把七姊妹玫瑰從蒙森帶到安默斯特。瑪莎・狄金生・畢安其記錄了他們兩家地產上的玫瑰。她用俗名列出了不同種玫瑰，包括左側表格中的品種與品系，並用位置和培養方法加以描述。根據畢安其的記錄，有些玫瑰生長時像是「玫瑰樹」（或許是標準型樹玫瑰），有些爬藤玫瑰則是會爬到「古典框架」上或家宅花園裡的涼亭上。狄金生是否曾在玫瑰爬藤架之間，寫下幾句詩呢？或許有可能。
酸模樹 Oxydendrum arboreum	其他　TREES: 26	O	酸模樹是美國東部與南部的原生種，夏季時盛開的花朵壓低枝條，秋季時葉片則會轉爲

			亮紅色。安默斯特花園俱樂部在 1950 年代記錄下「艾蜜莉・狄金生家靠近三角街的那一側」有一棵酸模樹。
擬柳橙花（山梅花） Philadelphus coronarius	信件 401 植物標本冊 50 其他 MDB/F2F: 13		狄金生花園中種植了無數種芬香植物，會散發甜香的擬柳橙花便是其中之一。擬柳橙花在暮春開花，承接在初春時帶有香氣的花苞與葉叢之後，在夏季的玫瑰與芬芳的一年生植物之前。
網脈丁香 Syringa reticulata	其他 TREES: 38-39		此種丁香植物的型態，比較接近具有主幹的木本植物，而非常見的橫向生長的典型灌木丁香。安默斯特花園俱樂部在 1959 年的記錄中指出，常青之屋的前院有一株大型丁香樹。從那株丁香的樹齡、位置和亞洲種來看，當初必定是狄金生家的人種植的，不過我們無從推測是誰種的。它的子代至今依然在東側的前窗戶下成長。
北美鵝掌楸 Liriodendron tulipifera	信件 190 植物標本冊 61 其他 MASS: 11, STORM, TREES: 23	O	鵝掌楸是木蘭的近親，也是東部落葉林中最高的樹種之一。「其中一棵大型的鵝掌楸」在 1938 年的暴風雨中被折斷，安默斯特花園俱樂部在 1959 年的記錄中寫道，常青之屋的其中一株鵝掌楸「聳立在茂密的下層灌木叢之間」。
三瓣木蘭 Magnolia tripetala	信件 280 植物標本冊 10 其他 MASS: 10, MDB/F2F: 136, MLT/LET, TREES: 25		畢安其曾提到有木蘭生長在常青之屋，而三瓣木蘭這個品種至今依然存在常青之屋中。三瓣木蘭看起來像是史前植物，它的各個部位都非常巨大，光是一片葉子就能長到 2 呎長。不過令人訝異的是，三瓣木蘭的野生棲地位於美國東部，比麻州還要更偏南方。在 1950 年代，安默斯特花園俱樂部記錄下常青之屋和城鎮上各有一株三瓣木蘭，兩株樹的原擁有者都是瑪莎・狄金生・畢安其。三瓣木蘭可以輕易地靠著種子繁殖。
北美喬松 Pinus strobus	詩 208, 379, 510, 849 信件 212, 360 其他 MASS: 11, MDB/REC: 8-9, TREES: 29	O	狄金生臥室的窗戶外種了許多松樹。在 1950 年代的安默斯特花園俱樂部的記錄中，狄金生家有一株直徑 3 呎的大型松樹「因爲颶風而斷了許多樹枝」。

黑核桃 Juglans nigra	其他	MDB/REC: 4, STORM	O	1938 年的颶風，把狄金生家宅上「這一區十分罕見的四棵黑核桃樹」都吹倒了。
白樺 Betula papyrifera	其他	MASS: 10, MDB/REC: 3	O	白樺是安默斯特當地許多原生種樺樹的其中一種，其他樺樹包括甜樺（Betula lenta）、黃樺（Betula alleghaniensis）和灰樺（Betula populifolia）。這些樺樹的樹皮上都有名為「皮孔」的水平刻痕，垂落的柔荑花序會在解後散落種子。畢安其特別提到過白樺，它可說是當地原生種樺樹中最引人注目的。

狄金生家種植的水果與蔬菜

蘋果 Pyrus malus，品種包括： 鮑德溫蘋果（Baldwin） 風鈴花蘋果（Bell Flower） 早收蘋果（Early Harvest） 金甜蘋果（Golden Sweets） 褐皮蘋果（Russet） 精進蘋果（Seek-No-Further）	詩 信件 植物標本冊 其他	2, 236 113, 116, 118, 131, 215, 284, 285, 294, 656, 354, 479, 808, 823, 824, 830 28 JL/YRS 1: 282, MASS: 9, MDB/F2F: 4-5, MDB/REC: 259-261		蘋果不只出現在狄金生家宅果園裡，也出現在常青之屋。常青之屋的西側露天門廊，就是圍繞著一株老樹所建造而成，他們還在另一株巨大蘋果樹離地 5 ～ 6 呎的枝椏上建造了一個平台，以及一座可以通往平台的樓梯。狄金生的植物標本冊中有一種蘋果，但她把該種類鑑定為野生酸蘋果（P. coronaria）。請留意，狄金生在許多信件和詩中都曾提到果樹。
蘆筍 Asparagus officinalis	其他	MDB/EDIS: 1, SGD/AE: 15		蘆筍幼苗是春天時會出現在狄金生家餐桌上的佳餚。到了夏天，狄金生一家人會把狀似蕨類的高大蘆筍枝椏安放在客廳的壁爐中。
萊豆 Phaseolus，包括： 花豆（P. coccineus） 萊豆（P. lunatus）	信件 其他	49, 340 MDB/EDIS: 1		畢安其描述家宅院子裡長了「綠色錦緞」般的萊豆和「紅白相間」的花豆。
甜菜 Beta vulgaris	信件 其他	49 MDB/EDIS: 2		在家宅中，長滿紅色葉脈的甜菜葉吸引了畢安其的注意。狄金生曾提到北普萊森街的房子裡種了甜菜，此外，還有豆子和馬鈴薯。
甘藍 Brassica	其他	MASS: 7, MDB/EDIS: 1		甘藍是適合在冬天儲藏於地窖的蔬菜，狄金生家種了紫色和綠色的甘藍。杜菲在 1878 年提供了五種移栽的甘藍。
西洋芹 Apium graveolens	其他	MASS: 7, MDB/EDIS: 1		畢安其曾描述他們使一排排芹菜轉白，並搬進地窖內。在 1878 年，杜菲的目錄中列出

			了兩種芹菜：亨德森矮白芹菜（Henderson's Dwarf White）和波士頓市場芹菜（Boston Market）。
櫻桃 Prunus，包括： 歐洲甜櫻桃（P. avium） 鳥櫻桃（P. pensylvanica） 苦櫻桃（P. virginiana）	詩　195 信件　25, 45, 182, 257, 267 植物標本冊　48 其他　MASS: 9, MDB/F2F: 5	O	根據狄金生在 1826 年 7 月寫的信件內容，牽牛花至少爬到了一株櫻桃樹上。畢安其則記錄到家宅花園的鋪石小路旁有三株排列整齊的櫻桃樹。它們有可能是歐亞大陸的原生種甜櫻桃。植物標本冊中有一種野生的酸味櫻桃，不過狄金生將之鑑定為，苦櫻桃。
玉米 Zea mays	詩　223, 344, 862 信件　292, 320, 378, 487, 502, 948 其他　MDB/EDIS: 1		家宅的菜園裡種了甜玉米。或許，他們用來餵食牲畜的飼料玉米是另外買來的。
無花果 Ficus carica	信件　46, 81, 174, 1033 其他　JL/YRS 1: 282, 359, MDB/EDIS: 2, MDB/F2F: 42, MDB/REC: 292		狄金生太太的無花果在農業博覽會上得過獎，並因此出現在地方報紙的報導中。畢安其提到無花果是沿著穀倉的西南側，成排種植的。
黃花醋栗 Ribes aureum	信件　31, 49, 100, 120, 835 植物標本冊　32, 65 其他　LD/DIA: July 22, 1851, PL/A&M: 278, MASS: 11, MDB/REC: 61	O	拉維妮亞在他們一家人搬到北普萊生街生活與從事園藝時，寫下了製造醋栗紅酒的每日記錄。畢安其後來回憶時提起了家宅的醋栗果凍。狄金生在後半生曾寄出一張食譜，原料包括 1 ／ 2 杯的醋栗，她指的應該是醋栗乾，不過這些醋栗可能是狄金生從雜貨店買來的。紅醋栗是歐洲原生種，黃花醋栗則是北美原生種。
葡萄 Vitis vinifera	詩　862 信件　2a, 16, 53, 55, 174, 272, 566, 782, 863, 888 其他　MASS: 10, MDB/EDIS: 2		葡萄攀爬的棚架，位於家宅穀倉東翼的前方，下方種了無花果。畢安其記錄他們用紫色、白色和藍色的葡萄製作果凍、醃製品和果酒。
萵苣 Lactuca sativa	其他　MASS: 7, SGD/AE: 15		蘇珊的 5 月午宴菜單包括了「來自我們家花園和溫床的沙拉」。杜菲在 1878 年提供的植物包括了波士頓皺葉萵苣、波士頓市場萵苣和結球萵苣。
桃 Prunus persica	信件　16, 53, 55, 340, 520, 654, 860, 1019		桃經常在狄金生的信件中出現，不過沒有其他文獻記錄了這種水果。

豌豆 Pisum sativum	詩　1482 植物標本冊　57		花園的碗豆一路攀爬進植物標本冊中，雖然狄金生幾乎沒有在信件與詩中提及碗豆，但狄金生家的花園和餐桌上不太可能沒有出現碗豆。
梨 Pyrus 'Flemish Beauty' P. 'Seckel' P. 'Sugar' P. 'Winter Nelis'	信件　337, 758, 949 其他　MDB/F2F: 4, 42		畢安其記錄了家宅花園斜坡上種了幾株梨樹，並寫下了品種。
李 Prunus domestica	信件　321, 337, 901 其他　MDB/F2F: 4		除了梨樹之外，畢安其還記得家宅花園的斜坡上也種了幾株李樹。狄金生曾寫下在她父母葬禮時用的花朵是西洋李山楂（damson-hawthorn），她指的有可能是其中一種野生的帶刺李「黑刺李」（sloe）。
馬鈴薯 Solanum tuberosum	信件　17, 49, 58, 682 植物標本冊　29		雖然謙虛的馬鈴薯沒有擠身進入狄金生的詩中，但狄金生在好幾封信中都提到了馬鈴薯（不過，其中有兩封信是在描述餐點時提到的）；植物標本冊中也有馬鈴薯的身影。
紅醋栗 Ribes sativum	信件　31, 49, 100, 120, 835 植物標本冊　32, 65 其他　LD/DIA: July 22, 1851, PL/A&M: 278, MASS: 10, MDB/REC: 61		1878 年的杜菲目錄收錄了紅色、白色和黑色的醋栗。
草莓 Fragaria ×ananassa	詩　271 信件　31, 279, 471 植物標本冊　49 其他　MASS: 10		愛德華‧狄金生在年輕時，也曾在寫給未婚妻的信中提到草莓。1878 年的杜菲目錄收錄了 26 種草莓。
番茄 Solanum lycopersicon	信件　53 植物標本冊　30 其他　PL/A&M: 278, MASS: 7		狄金生小心翼翼地把番茄的葉子和花，都放進了植物標本冊中，也曾在一封早期的信件中提到番茄。奧斯丁在 1878 年 7 月寫信給梅布爾，說維妮已經準備好要把番茄裝罐了。同年，杜菲提供了兩種番茄：獎盃番茄與加拿大勝利番茄。
冬季南瓜 Cucurbita maxima	其他 MDB/EDIS: 2		根據畢安其的描述，冬季南瓜是暮秋花園的特色之一。

美洲豬牙花 Erythronium americanum	詩 1677 信件 23 植物標本冊 18	O	狄金生稱做「安德舌頭」的黃色花朵，在春日出現的時間短暫，有時又被稱做狗牙堇（此名出自其球根的形狀）或者鱒魚百合（此名出自充滿斑點的葉子）。
百子蓮 Agapanthus africanus	植物標本冊 35		
龍牙草 Agrimonia gryposepala	植物標本冊 28	O	
阿勒格尼山柳菊 Hieracium paniculatum	植物標本冊 44	O	
荷包藤 Adlumia fungosa	植物標本冊 19	O	
美國花楸 Sorbus americana	植物標本冊 30	O	
闊葉慈菇 Sagittaria latifolia	植物標本冊 22	O	
紫菀 Symphyotrichum	詩 85, 150, 374 信件 194 植物標本冊 62, 63	O	
膠苦瓜 Momordica balsamina	植物標本冊 38		
刺檗 Berberis vulgaris	植物標本冊 1 其他 MASS: 11		
羅勒 Ocimum basilicum	植物標本冊 19		狄金生曾將羅勒誤認爲薰衣草，所以她必定也很熟悉薰衣草。
美洲椴 Tilia americana	植物標本冊 32 其他 MASS: 10	O	
染料豬殃殃 Galium tinctorium	植物標本冊 49		
秋海棠 Begonia	植物標本冊 33		

垂鈴兒 Uvularia grandiflora（大型垂鈴兒） U. sessilifolia（無柄垂鈴兒）	植物標本冊　17, 50	O	
大鄧伯花 Thunbergia grandiflora	植物標本冊　49		
洋繡球 Hydrangea macrophylla	植物標本冊　34		
旋花 Convolvulus sepium	植物標本冊　17		
黑莓 Rubus allegheniensis	信件　320 植物標本冊　6	O	
狸藻 Utricularia vulgaris	植物標本冊　37	O	
血根草 Sanguinaria canadensis	信件　23 植物標本冊　25	O	
藍庭菖蒲 Sisyrinchium montanum	植物標本冊　25	O	
變色鳶尾 Iris versicolor	植物標本冊　5	O	
球吉利 Gilia capitata	植物標本冊　30	O	
雛草 Houstonia caerulea	植物標本冊　40 其他　SGD/AE: 27	O	蘇珊記得她曾和法蘭西絲‧霍奇森‧伯內特（Frances Hodgson Burnett；編註：英美劇作家與作家，作品以童話故事聞名）一起外出摘雛草。
瓶龍膽 Gentiana clausa	植物標本冊　44		
琉璃苣 Borago officinalis	植物標本冊　50		
草茱萸 Cornus canadensis	植物標本冊　44	O	
刺果瓜 Sicyos angulatus	植物標本冊　46	O	
黃錦帶花 Diervilla lonicera	植物標本冊　3		

毛茛 Ranunculus acris（花毛茛） R. bulbosus（球莖毛茛） R. fascicularis（早毛茛） R. hispidus（剛毛毛茛） R. repens（匍枝毛茛）	詩　137 信件　288, 436, 653, 901 植物標本冊　23		狄金生在植物標本冊第 23 頁，以五種美麗的毛茛做出優雅的排列。在這五種毛茛中，只有早毛茛和剛毛毛茛是當地原生種。
柳葉馬利筋 Asclepias tuberosa	植物標本冊　3		
金盞花 Calendula officinalis	植物標本冊　2	O	
卡麥霞花 Camassia scilloides	植物標本冊　2	O	
加拿大舞鶴草 Maianthemum canadense	植物標本冊　48	O	
單花列當 Orobanche uniflora	植物標本冊　24	O	
圓柱銀蓮花 Anemone cylindrica	詩 85	O	
屈曲花 Iberis amara	植物標本冊　38		
風鈴草 Campanula medium	植物標本冊　31		
葛縷子 Carum carvi	植物標本冊　39		
紅花六倍利 Lobelia cardinalis	詩　1193 信件　117 植物標本冊　20	O	
美國蠟梅 Calycanthus floridus	植物標本冊　31 其他　MASS: 11	O	
南梓木 Catalpa bignonioides	植物標本冊　42 其他　MASS: 10	O	
白屈菜 Chelidonium majus	植物標本冊　20		
冬青白株樹 Gaultheria procumbens	植物標本冊　28	O	
苦楝 Melia azedarach	植物標本冊　25		
洋槐 Robinia viscosa	植物標本冊　28	O	

山字草 Clarkia unguiculata	植物標本冊 20		
藍珠百合 Clintonia borealis	植物標本冊 25	O	
三葉草 Trifolium agrarium（黃花三葉草） T. pratense（紅三葉草）	詩 494, 642, 1779 信件 272, 397, 432, 475, 496, 653, 693, 732, 779, 838 植物標本冊 15		狄金生的植物標本冊中，有黃花三葉草也有紅花三葉草。在第 397 號信件中，她用三葉草比喻兔子，她說的有可能是草坪中的白三葉草（Trifolium repens）。
粉條兒茱 Aletris farinosa	植物標本冊 19	O	
款冬 Tussilago farfara	植物標本冊 19		
康復力 Symphytum officinale	植物標本冊 47		
斑點珊瑚蘭 Corallorhiza maculata	植物標本冊 16	O	
雙色金雞菊 Coreopsis tinctoria	植物標本冊 36	O	
矢車菊 Centaurea cyanus	植物標本冊 47		
大爪草 Spergula arvensis	植物標本冊 24		
常綠紫堇 Corydalis sempervirens	植物標本冊 48		
羊鬍子草 Eriophorum angustifolium	植物標本冊 47	O	
歐亞萍蓬草 Nuphar advena	其他 Whicher,Emily Dickinson: This Was a Poet, 55	O	
牛防風草 Heracleum maximum	植物標本冊 45	O	
美國山羅花 Melampyrum linearevar. americanum	植物標本冊 44	O	
蔓越莓 Vaccinium macrocarpon	植物標本冊 14	O	

虎耳草 Saxifraga stolonifera	植物標本冊	25		
多變小冠花 Coronilla varia	植物標本冊	35		
黃瓜 Cucumis sativus	植物標本冊	40		
印第安黃瓜草 Medeola virginiana	植物標本冊	19	O	
腹水草 Veronicastrum virginicum	植物標本冊	31	O	
歐洲柏葉大戟 Euphorbia cyparissias	植物標本冊	29		
蔦蘿 Ipomea quamoclit	植物標本冊	16		
西洋蒲公英 TaraOacum officinale	植物標本冊	26		
鹿莓 Vaccinium stamineum	植物標本冊	19	O	
北美扯根草 Penthorum sedoides	植物標本冊	49	O	
菟絲子 Cuscuta gronovii	植物標本冊	19		
金絲桃葉羅布麻 Apocynum androsaemifolium	植物標本冊	41	O	
類葉升麻 Actaea rubra	植物標本冊	15	O	狄金生在植物標本冊中，將類葉升麻誤認為蛇根草。她蒐集的是長得很像蛇根草的類葉升麻，A. rubra，這種植物因為種莢外型特別而被稱做洋娃娃眼睛，又因為有毒而被稱做毒莓（baneberry）。
斑葉蘭 Goodyera pubescens	植物標本冊	22	O	
兜狀荷包牡丹 Dicentra cucullaria	植物標本冊	5	O	
矮蒲公英 Krigia virginica	植物標本冊	13	O	矮蒲公英和草坪中常見的蒲公英不同，矮蒲公英是北美原生種。

矮樹莓 Rubus pubescens	植物標本冊 48	O	
維吉尼亞虎耳草 SaOifraga virginiensis	植物標本冊 17	O	
紫衛矛 Euonymus atropurpureus	植物標本冊 45 其他 MASS: 11	O	
美洲接骨木 Sambucus canadensis	植物標本冊 27	O	
露珠草 Circaea lutetianavar. canadensis	植物標本冊 24		
有柄水苦蕒 Veronica beccabunga	植物標本冊 31		
裂葉月見草 Oenothera laciniata	植物標本冊 3		
錫杖花 Monotropa hypopitys	植物標本冊 35	O	
假毛地黃 Aureolaria pedicularia（蕨 葉假毛地黃） A. virginica（假毛地黃）	植物標本冊 43	O	
美洲母草 Lindernia dubia	植物標本冊 13	O	狄金生在植物標本冊中，把美洲母草標示為 黃芩（Scutellaria）。
舞鶴草 Maianthemum racemosum	植物標本冊 27	O	
艾菊 Tanacetum parthenium	植物標本冊 35		
蔥 Allium	植物標本冊 57		雖然狄金生家附近也有原生種的蔥，但植物 標本冊中的標本不足以讓我們辨別物種。
心葉黃水枝 Tiarella cordifolia	植物標本冊 24	O	
流蘇龍膽 Gentianopsis crinita	植物標本冊 21	O	

流蘇珍珠菜 Lysimachia ciliata	植物標本冊　11	O	
綠花凹舌蘭 Coeloglossum viride	植物標本冊　23	O	
美女櫻 Verbena ×hybrida	植物標本冊　47 其他　　MASS: 6-7		杜菲目錄列出了 44 種雜交美女櫻，其中一 種名爲「瑪蒂」（Mattie）。
流蘇遠志 Polygala paucifolia	植物標本冊　16	O	
金錢薄荷 Glechoma hederacea	植物標本冊　29		
三葉人參 PanaO trifolius	植物標本冊　47	O	
千日紅 Gomphrena globosa	植物標本冊　28		
三葉黃連 Coptis trifolia	植物標本冊　27	O	
金千里光 Packera aurea	植物標本冊　42	O	
美國貓眼草 Chrysosplenium americanum	植物標本冊　48	O	
梅花草 Parnassia glauca	植物標本冊　13		
沼澤美鬚蘭 Calopogon tuberosus	植物標本冊　25	O	
剛毛藻 Cladophora	植物標本冊　36	O	
圓葉風鈴草 Campanula rotundifolia	詩　134 植物標本冊　24	O	
夏枯草 Prunella vulgaris	植物標本冊　9	O	
漢荭魚腥草 Geranium robertianum	植物標本冊　17		

北美夏枯草 Collinsonia canadensis	植物標本冊　1	O	
馬蹄豆 Hippocrepis comosa	植物標本冊　1		
問荊 Equisetum arvense	植物標本冊　39	O	
單花錫杖花（水晶蘭） Monotropa uniflora	詩　1513 信件　479, 770 植物標本冊　32	O	請注意，信件 394 可能也提及了此植物。狄金生在該封信件中說芬妮・諾可羅斯在樹林裡替她找來的「笛子」就是錫杖花（譯註：錫杖花的英文俗名是「Indian pipe」，印度笛）。
絨假紫萁 Osmunda claytoniana	植物標本冊　28	O	
鹿角菜 Chondrus crispus	植物標本冊　30		
香藜 Chenopodium botrys	植物標本冊　39		
重瓣棣棠 Kerria japonicavar. pleniflora	植物標本冊　41 其他　MASS: 11		
綬草 Spiranthes cernua（垂花綬草） S. gracilis（南方細長綬草）	植物標本冊　30, 39	O	
杓蘭 Cypripedium acaule（粉色） C. parviflorum var. makasin　（黃色）	植物標本冊　24, 35	O	
大翠雀花 Delphinium elatum	植物標本冊　37		
地桂 Chamaedaphne calyculata	植物標本冊　36	O	
沼澤革木 Dirca palustris	植物標本冊　8	O	
三角草（雪割草） Anemone americana	植物標本冊　12	O	

羽扇豆 Lupinus perennis L. perennis forma leucanthus	植物標本冊　13, 31, 47		
盔狀黃芩 Scutellaria galericulata	植物標本冊　22		
洋落葵 Anredera cordifolia	植物標本冊　49		
大麻 Cannabis sativa	植物標本冊　11		沒錯，植物標本冊裡有大麻。
沼澤風鈴草 Campanula aparinoides	詩　85 植物標本冊　8	O	
沼澤金盞花 Caltha palustris	植物標本冊　29	O	
寧夏枸杞 Lycium barbarum	植物標本冊　23		
臭春黃菊 Anthemis cotula	植物標本冊　14		
合歡 Albizia julibrissin	植物標本冊　41		
雙葉嗩吶草 Mitella diphylla	植物標本冊　4	O	
猴子花 Mimulus ringens	植物標本冊　9 其他　MASS: 4	O	
毛瓣毛蕊花 Verbascum blattaria	植物標本冊　12		
山月桂 Kalmia latifolia	植物標本冊　28	O	
格陵蘭繁縷 Minuartia groenlandica	植物標本冊　35	O	
毛蕊花 Verbascum thapsus	植物標本冊　12		
麝香猴面花 Erythranthe moschata	植物標本冊　43	O	
麝香錦葵 Malva moschata	植物標本冊　4		

垂花延齡草 Trillium cernuum	植物標本冊　43	O	
橡葉繡球 Hydrangea quercifolia	植物標本冊　34	O	
唇舌蘭 Platanthera hookeri（虎克 唇舌蘭） P. grandiflora（大花唇舌 蘭） P. lacera（流蘇唇舌蘭）	詩　29, 162, 642 植物標本冊 17, 19, 27, 29, 40	O	狄金生曾寫道：「對於在心中保留一株唇舌 蘭的他而言——沼澤因六月而成為粉色」。 （F#29）請注意，有兩個流蘇唇舌蘭的標本， 分別出現在植物標本冊的不同頁面上。
火焰草 Castilleja coccinea	詩　85 植物標本冊　38	O	狄金生把這種如今瀕危的鮮豔植物稱做「巴 西雅」（Bartsia）。
彩繪延齡草 Trillium undulatum	植物標本冊　37	O	
白穗山梗菜 Lobelia spicata	植物標本冊　26	O	狄金生將此物種，誤認為印度煙草（Lobelia inflata）。
美洲蔓虎刺 Mitchella repens	植物標本冊　50	O	
卡羅來納玫瑰 Rosa carolina	植物標本冊　11	O	
花葉丁香 Syringa ×persica	植物標本冊　51 其他　MASS: 11		
矮牽牛 Petunia violacea	植物標本冊　39 其他　MASS: 5		
五旬節杜鵑 Rhododendron periclymenoides	植物標本冊　21	O	
繖形喜冬草 Chimaphila umbellata	植物標本冊　30	O	
紫瓶子草 Sarracenia purpurea	植物標本冊　6	O	
大車前草 Plantago major	信件　85		狄金生在寫給蘇珊的信中提到牧草原裡的車 前草；常見的大車前草很有可能就是犯人。
藍西番蓮 Passiflora caerulea	植物標本冊　42	O	
歐洲女貞 Ligustrum vulgare	植物標本冊　1 其他　MASS: 11		

輪葉仙指蘭 Isotria verticillata	植物標本冊　38	O	
毒漆藤 Toxicodendron radicans	植物標本冊　6	O	狄金生在植物標本冊中，將毒漆藤誤認爲苦甜藤。或許，狄金生在處理這三片葉子與花朵時帶著手套；又或許，她不容易受到毒漆藤影響，不像一般人一樣在摸到毒漆藤時，出現惱人的紅疹。
網紋馬勃菇 Lycoperdon perlatum	信件　479	O	請注意，網紋馬勃菇和其他蕈類一樣，從生物學上來說屬於眞菌而非植物。
紫萼路邊青 Geum rivale	植物標本冊　39	O	
紫花遠志 Polygala sanguinea	植物標本冊　16	O	
車前葉貓趾菊 Antennaria plantaginifolia	植物標本冊　42	O	
美國貓柳 Salix discolor	其他　　MJ/F&N: 121	O	
鹿蹄草 Pyrola secunda（單側鹿蹄草） P. rotundifolia（圓葉鹿蹄草）	植物標本冊　41, 45	O	
野胡蘿蔔 Daucus carota	植物標本冊　9		
總狀花序遠志 Polygala polygama	植物標本冊　16	O	
三葉盤果菊 Prenanthes trifoliolata	植物標本冊　29	O	
紅花延齡草 Trillium erectum	植物標本冊　7	O	
加拿大杜鵑 Rhododendron canadense	植物標本冊　10	O	
石竹花（River-pink） 不詳	信件　479	?	至今依然十分神祕的一種植物。狄金生在寫給諾可羅斯表妹的一封信中，除了提到金縷梅、錫杖花和網紋馬勃菇之外，也寫道：「那神祕的蘋果有時會出現於石竹花。」
東北多足蕨 Polypodium virginianum	信件　472	O	狄金生在 1876 年寄給湯姆士・溫特沃斯・希根森的妻子—瑪麗・錢尼・希根森的信件中，附上了一片東北多足蕨的葉子。

加拿大半日花 Helianthemum canadense	植物標本冊　8	O	
玫瑰朱蘭 Pogonia ophioglossoides	植物標本冊　34	O	
玫瑰扭柄花 Streptopus lanceolatus	植物標本冊　21	O	
歐洲紫萁（皇家蕨） Osmunda regalis	植物標本冊　66	O	
銀蓮唐松草 Thalictrum thalictroides	植物標本冊　40	O	
藥用鼠尾草 Salvia officinalis	植物標本冊　18 其他　　MASS: 6		
櫻桃鼠尾草 Salvia microphylla	植物標本冊　44		
北美擦樹（黃樟） Sassafras albidum	植物標本冊　38	O	
紅花青鎖龍 Crassula coccinea	植物標本冊　29		
含羞草 Mimosa pudica	植物標本冊　38		
絨葉唐棣 Amelanchier arborea	植物標本冊　28	O	
長葉山月桂 Kalmia angustifolia	植物標本冊　21	O	
小酸模 Rumex acetosella	植物標本冊　10		
菊頭桔梗 Jasione montana	植物標本冊　35		
豔麗盔花蘭 Galearis spectabilis	植物標本冊　37	O	
美國黃芩 Scutellaria lateriflora	植物標本冊　40	O	
狹葉水蘇 Stachys tenuifolia	植物標本冊　22	O	

美國楤木 Aralia racemosa	詩　369	O	
雪果毛核木 Symphoricarpos albus	植物標本冊　48	O	
小婆婆納 Veronica serpyllifolia	植物標本冊　29		
卡羅來納春美草 Claytonia caroliniana	植物標本冊　44	O	
七瓣蓮 Trientalis americana	植物標本冊　43	O	
林地景天 Sedum ternatum	植物標本冊　36	O	
星芒松蟲草 Scabiosa stellata	植物標本冊　38		
北美金梅草 Hypoxis hirsuta	植物標本冊　30	O	
麥桿菊 Oerochrysum bracteatum	植物標本冊　32		澳洲原生種，園丁時常剪麥桿菊的花來插花或做成乾燥花。
銀脈喜冬草 Chimaphila maculata	植物標本冊　30	O	
漆樹 Rhus	信件　718	O	狄金生將漆樹（sumac）寫作「sumach」。
沼澤珍珠菜 Verbena hastate	植物標本冊　13	O	
賓州虎耳草 Saxifraga pensylvanica	植物標本冊　39	O	
沼澤馬鞭草 Verbena hastate	植物標本冊　20	O	
北美銀蓮花 Anemone virginiana		O	
纓絨花 Emilia fosbergii	植物標本冊　21		纓絨花是佛州和美國極南方的原生種，這想必是狄金生親友送她增加標本冊內容所用。
三葉鹿藥 Maianthemum trifolium	植物標本冊　27	O	

蕁麻葉風鈴草 Campanula trachelium	植物標本冊　39		
加拿大山螞蝗 Desmodium canadense	植物標本冊　48	O	
菸草 Nicotiana tabacum	植物標本冊　36		
寬葉碎米薺 Cardamine diphylla	植物標本冊　7	O	
橙花鳳仙 Impatiens capensis	植物標本冊　45	O	
匍匐岩梨（藤地莓、五月花） Epigaea repens	詩　85, 1357 信件　23, 115, 217, 318, 339, 551, 1034, 1037, 1038 植物標本冊　38, 58 其他　SGD/AE: 15	O	藤地莓在狄金生的一生中反覆出現，這種低矮的灌木總是會準時通知冬季已結束。藤地莓在春天是粉色，隨著季節推進逐漸轉白，花朵最後會消失，但矮小的木質莖條和常綠的葉子，能存活一整年。
美國凌霄 Campsis radicans	植物標本冊　46	O	
北極花 Linnaea borealis	植物標本冊　42	O	
纈草 Valeriana officinalis	植物標本冊　34		
神鑒花 Legousia speculum-veneris	植物標本冊　9		
莢蒾 Viburnum acerifolium（楓葉莢蒾） V. cassinoides（決明葉莢蒾） V. opulus var. roseum（雪球莢蒾）	植物標本冊　49, 31, 41		狄金生為了植物標本冊蒐集莢蒾。她的收藏包括了原生種的楓葉莢蒾（在植物學中，Acer 是楓屬的名字）和原生種的柳條莢蒾（Viburnum nudum）。
菫菜 Viola cucullata（沼澤菫菜） V. pallens（白花菫菜） V. palmata（裂葉菫菜） V. pedata（鳥足菫菜） V. pubescens（毛黃菫菜） V. rotundifolia（圓葉菫菜）	詩　94 信件　181 植物標本冊　46 其他　MDB/F2F: 5		1852 年 6 月，狄金生在一封信裡附上了菫菜寄給蘇珊‧吉伯特。狄金生的果園，和安默斯特周遭的田野與森林都有菫菜。在植物標本冊中有六種野生菫菜。
美國澤瀉 Alisma subcordatum	植物標本冊　22	O	
白花水楊梅 Geum canadense	植物標本冊　60	O	

白龜頭花 Chelone glabra	植物標本冊　38	O	
香睡蓮 Nymphaea odorata	植物標本冊　32	O	
輪葉馬利筋 Asclepias verticillata	植物標本冊　25	O	
銀苞菊 Ammobium alatum	植物標本冊　18		銀苞菊是澳洲原生種，經常被剪下來做成乾燥花。
美洲茶藨子（野生黑醋栗） Ribes americanum	植物標本冊　14	O	狄金生將野生黑醋栗，誤認爲經過馴化的歐洲黑醋栗。
水芋 Calla palustris	植物標本冊　36	O	
野生天竺葵 Geranium maculatum	植物標本冊　15	O	
加拿大細辛（野薑花） Asarum canadense	植物標本冊　2	O	
黃花假靛藍 Baptisia tinctoria	植物標本冊　42	O	
維吉尼亞草莓（野草莓） Fragaria virginiana	植物標本冊　49	O	在植物標本冊中有野草莓，但沒有馴化草莓。
北美金縷梅 Hamamelis virginiana	信件　318	O	
五葉銀蓮花 Anemone quinquefolia	詩　85 植物標本冊　40	O	
加拿大馬先蒿 Pedicularis canadensis	植物標本冊　49	O	
西洋蓍草 Achillea millefolium	植物標本冊　47		
黃眼草 Xyris caroliniana	植物標本冊　15	O	
黃菖蒲 Iris pseudacorus	植物標本冊　5		
毛黃連花 Lysimachia vulgaris	植物標本冊　35		
野西番蓮 Passiflora incarnata	植物標本冊　42		

年度的彩帶 ─

多彩多姿的錦緞 ─

去參加大自然舞會時穿過一次

然後,便甩掉

如褪色的珠子

或起皺的珍珠 ─

又有誰能譴責這種

造物主的女兒懷有的虛榮

　　──F# 1065, 1865

後記

年輕與衰老共赴永恆

時值暮冬，天空陰沉沉的，桌燈散發的光線照亮了艾蜜莉‧狄金生的臥室。我坐在一張特別放在這裡供人入座的折疊桌前，就在詩人的櫻桃木小書桌複製品的後方。我面前的這張桌子至少比她的桌子大兩倍。不知道，她會不會規規矩矩地把膝蓋伸進桌下，把雙腿傾向一邊。她的身材「嬌小，就像鷦鷯」，從那尊面對著我、套上了其知名白洋裝仿製品的假人模特兒，就能看出這一點。

在她書桌的方形寫字檯面上有一個墨水池、一隻鉛筆和便條紙的紙張。或許，她會把漂亮的文具放在小抽屜內，又或許，她父親會把高級紙張收在樓下的書房中。她會燃起壁爐或火爐驅趕臥室內的料峭寒意。她的「沉默的朋友」大狗卡羅或許也會在這裡，拉長身子躺在地板上。又或者，他會被驅逐到廚房或穀倉去呢？

房裡有幾本書被堆在壁爐架上。一個臉盆架，下面是用來放夜壺的櫃子。一張搖椅。她的那張深色核桃木製的雪橇床。一件佩斯利花紋（paisley）披肩，還有一個櫻桃木櫥櫃，她把信件與詩收在櫥櫃抽屜內，正是這些詩在她「蒙召恩」之後帶來了不朽的名聲。

四扇大窗戶照亮了房間。兩扇面對大街,兩扇在壁爐左右。我從第二扇面西的窗戶往外看:她的桌子擺在第一扇面西窗戶的前方。主街順著山丘向上,延伸至市鎮中心。天空下著小雨,路面微微閃爍。她看到的路面會因泥濘而顯得光滑。在這個時節,舉目所及盡是光裸的樹枝,不過在她的時代,房子附近種的是好幾株大型白松樹。從這裡可以清楚看見第一公理會教堂的尖塔,這棟教堂在她哥哥的謹慎監督下於1868 年完工。或許,她能認出父親工作的那棟辦公樓,也能認出奧斯丁位於山丘頂的律師事務所。

她能看見正走向這棟磚造房屋或隔壁常青之屋的訪客。愛默生、哈莉特・比徹・斯托(Harriet Beecher Stowe)、伯內特女士(Mrs. Burnett)、佛得瑞克・洛・歐姆斯德(Frederick Law Olmsted)以及許多曾到這裡與奧斯丁與蘇珊共進晚餐的人。她可以選擇移步到窗簾後面,不被人看見,也可以選擇大膽地凝視窗外。無論其他人能否看見她,她都在這裡。

遙想百年前的時空,喚醒玫瑰的味道

如今,這裡能聽見車輛往來的嗡鳴聲,但除此之外,幾乎沒有其他聲響了。

我想知道,她會用詩人的耳朵聽見什麼聲音。松針之間的風、教堂的鐘、鳥的歌曲、吱嘎作響的地板、時鐘的滴答聲或整點敲鐘聲。煤炭在壁爐柵欄裡面的輕移聲、嘶聲或劈啪聲。維妮在起居室練琴。她的「北風」管家瑪姬・馬赫(Maggie Maher)在工作或哼歌。屋外的工人在劈柴或剷煤炭、替馬匹梳毛、叉乾草料。牛鳴。雞群。一位姪女、幾位姪子和他們的朋友在草地玩耍,或因為想拿到薑餅而對著她的窗戶喊

叫。3 點 55 分，我聽見了現今與過去都同樣會出現的聲響：那是火車的聲音，是持續不斷鳴笛，是列車正轟轟駛過南方一、兩個街區外的鐵軌。她看到火車「跑過許多哩路」，聽到它「唬唬音節」。或許牧草原對面的西爾斯帽子工廠也有哨笛聲。

這棟被密封起來並接受溫濕度控制的老房子中，瀰漫著一股中性的氣味。但過去房子裡充斥的是烹飪的香氣，也會有煙與灰燼的氣息從壁爐裡傳來，在比較溫暖的日子還會有來自穀倉院子的味道。在每年的這個時節，屋裡或許還會飄盪著一股甜香：那是風信子的芬芳；她在溫室中用熱度加快風信子成長，再擺到臥室的窗台上展示。

我抬起頭，看到喬治・艾略特（George Eliot）的正臉，她面色嚴肅地低頭凝視下方。那是一張掛在牆上的裱框刻版畫。這位寫下了《米德爾馬契》（*Middlemarch*）的作家，似乎正評測她帶來的影響，微微歪著頭，看起來像是在仔細傾聽。她的正下方是一張類似的伊莉莎白・巴雷特・白朗寧（Elizabeth Barrett Browning）畫像，她側著身回頭望，一頭捲髮垂落在肩上，視線明亮如火，似乎很快就要熄滅。這樣的景象使人不禁好奇，喬治和伊莉莎白會對在她們的陪伴下寫作的詩人，說些什麼呢？

牆上還掛著兩幅彩色平版印刷畫。火爐上的那幅畫是題為「釣魚派對」的鄉村景致，場景似乎取材自曼斯菲爾德公園。在一座樹林圍繞的小湖邊，划槳船上一位穿著制服的僕人正把一個圓酒瓶交給岸上的一位男人。兩對夫婦在一旁相聚野餐。幾個盤子放在一塊布上，旁邊有兩張給兩位小姐坐的椅子。兩位紳士頭戴禮帽，兩位小姐戴的則是軟帽。這幅畫的印刷風格質樸，上面寫著 1827 年，一旁還有女畫家的簽名：「艾蜜莉」。我無法解譯她的姓氏。

床上掛著一幅庫瑞爾（Currier）與艾維士（Ives）版畫，主題是溫

莎堡與溫莎公園。畫面上的兩群鹿替這整體畫面增添了生氣。鳥群棲息在樹上。這是如畫風格的英國風光。柔軟的樹木包圍了城堡的塔樓與砲塔。我轉頭望向窗外，從英國回到安默斯特，看見相對應的常青之屋塔樓與其上的拱型窗戶，我能想像出奧斯丁和蘇珊在他們房子周圍打造的景觀設計：有典型的樹木、精心挑選的針葉樹、杜鵑花、長凳、花圃和涼亭，全都以蜿蜒的步道連結在一起。我的腦海中響起了一陣陣協和的和弦。

玫瑰纏繞的明亮壁紙使房間充滿柔軟的粉色與綠色色調。背景的人字紋：小鳥腳印，指向側邊，引導人們的視線從北方順時針轉向東方、南方，再轉向西方。再加上大大的攀藤玫瑰圖樣，使牆壁顯得生氣勃勃，栩栩如生。

枝條上沒有尖刺。玫瑰花正值花期，從花苞階段至方要花開，從完全怒放至初開始衰敗。年輕與衰老共赴永恆。

瑪塔・麥可道威

2018 年 2 月 23 日

相關著作與資料

↓

　　若你對艾蜜莉・狄金生與其花園感興趣，最適合的消遣莫過於閱讀她的文字了。由許多教育機構聯合贊助的「艾蜜莉・狄金生資料庫」（Emily Dickinson Archive，edickinson.org）開放了所有詩作供讀者取用，其中包括寫在分冊與散紙上的詩。艾蜜莉・狄金生國際學會（Emily Dickinson International Society，emilydickinsoninternationalsociety.org）是熱忱的狄金生迷成立的友善組織，成員會以狄金生為主題舉辦聚會、做研究、進行藝術創作並提供教育培養。

◎ 艾蜜莉・狄金生的著作

Bervin, Jen, and Marta Werner, eds. *The Gorgeous Nothings: Emily Dickinson's Envelope Poems*. New York: New Directions Publishing, 2013.

Franklin, Ralph W., ed. *The Complete Poems of Emily Dickinson*. Cambridge, MA: Belknap Press of Harvard University Press, 1998.

Johnson, Thomas H., and Theodora Ward, eds. *The Letters of Emily Dickinson*. Cambridge, MA: Belknap Press of Harvard University Press, 1958.

Miller, Cristanne, ed. *Emily Dickinson's Poems: As She Preserved Them*. Cambridge, MA: Belknap Press of Harvard University Press, 2016.

Todd, Mabel Loomis, ed. *The Letters of Emily Dickinson: 1845–1886*. Boston: Roberts Brothers, 1894, p. 352.

◎ 關於艾蜜莉・狄金生與其花園的著作

Allen, [Mary] Adele. "The First President's House—A Reminiscence." *Amherst Graduates' Quarterly* (February 1937): p. 38

Bianchi, Martha Dickinson. "Emily Dickinson's Garden." *Emily Dickinson International Society Bulletin* 2, no. 2 (November/December 1990). 包含畢安其交付的一份未出版手稿，該手稿是為了花園俱樂部的課程所撰寫。

———.*Emily Dickinson Face* to Face.Boston: Houghton Mifflin, 1932.

———.*The Life and Letters of Emily Dickinson*.Boston: Houghton Mifflin, 1924.

———.*Recollections of a Country Girl*.Unpublished 1935 manuscript in the Brown University Library, Martha Dickinson Bianchi Papers 10:18–19.

Dickinson, Susan Gilbert. "The Annals of the Evergreens," reprinted as "Magnetic Visitors," *Amherst Magazine* (Spring 1981): 8–27.

Farr, Judith.*The Gardens of Emily Dickinson*.Cambridge, MA: Harvard University Press, 2004.

Gilbert, Sandra M., and Susan Gubar.T*he Madwoman in the Attic: The Woman Writer and the Nineteenth-Century Literary Imagination*.New Haven, CT: Yale University Press, 1980.

Gordon, Lyndall.Lives *Like Loaded Guns: Emily Dickinson and Her Family's Feud*.New York: Penguin, 2011.

Habegger, Alfred.*My Wars Are Laid Away in Books: The Life of Emily Dickinson*. New York: Random House, 2001.

Jabr, Ferris. "How Emily Dickinson Grew Her Genius in Her Family Backyard." *Slate,* May 17, 2016, available at slate.com.

Jenkins, MacGregor.*Emily Dickinson: Friend and Neighbor*.Boston: Little, Brown and Company, 1939.

Leyda, Jay.T*he Years and Hours of Emily Dickinson*, Volumes 1–2.New Haven: Yale University Press, 1960.

Liebling, Jerome, et.al.*The Dickinsons of Amherst*.Lebanon, NH: University Press of New England, 1991.

Longsworth, Polly.*Austin and Mabel: The Amherst Affair and Love Letters of Austin Dickinson and Mabel Loomis*.Amherst: University of Massachusetts Press, 1999.

———. *The World of Emily Dickinson.*New York: Norton, 1990.

Lombardo, Daniel. A Hedge Away: The Other Side of Emily Dickinson's Amherst.Northampton, MA: Daily Hampshire Gazette, 1997.

*Massachusetts Agricultural Catalogue of Plants, Trees and Shrubs.*Amherst: Massachusetts Agricultural College, 1878.

Murray, Aife.*Maid as Muse: How Servants Changed Emily Dickinson's Life and Language.*Lebanon: University of New Hampshire Press, 2009.

Phillips, Kate.*Helen Hunt Jackson: A Literary Life.*Berkeley: University of California Press, 2003.

Sewall, Richard.*The Life of Emily Dickinson.*Cambridge, MA: Harvard University Press, 1994.

Smith, James Avery.*History of the Black Population of Amherst, Massachusetts: 1728–1870.*Boston: New England Historic Genealogical Society, 1999.

Smith, Martha Nell, and Mary Loeffelholz, eds.*A Companion to Emily Dickinson.*Malden, MA: Wiley-Blackwell, 2005.

St. Armand, Barton Levi. "Keeper of the Keys: Mary Hampson, the Evergreens and the Art Within." In *The Dickinsons of Amherst*, edited by Jerome Liebling et.al., 209.Lebanon, NH: University Press of New England, 2001.

*Trees of Amherst: A Record and History of Some of the Unusual and Historical Trees In and Around Amhers*t, Massachusetts.Garden Club of Amherst: 1959.

Wolff, Cynthia Griffin.*Emily Dickinson.*Reading, MA: Addison-Wesley, 1988.

◎ 關於花園歷史的著作

Adams, Denise Wiles.*Restoring American Gardens: An Encyclopedia of Heirloom Ornamental Plants, 1640–1940.*Portland, OR: Timber Press, 2004.

Leighton, Ann.*American Gardens of the Nineteenth Century: For Comfort and Affluence.*Amherst: University of Massachusetts Press, 1987.

Martin, Tovah. *Once Upon a Windowsill: A History of Indoor Plants.*Portland, OR: Timber Press, 2009.

Rutkow, Eric.*American Canopy: Trees, Forests, and the Making of a Nation.*New York: Scribner, 2013.

Stilgoe, John R. *Common Landscape of America, 1580–1845.*New Haven, CT: Yale University Press, 1983.

Sumner, Judith.*American Household Botany: A History of Useful Plants, 1620–1900.*Portland, OR: Timber Press, 2004.

詩句和信件引用來源

以下，狄金生信件的附加數字所標註的「L」指的是江森版編號，詩的附加數字所標註的「P」指的是富蘭克林版編號。

艾蜜莉‧狄金生的信，edited by Thomas H. Johnson, Associate Editor, Theodora Ward, Cambridge, Mass.: The Belknap Press of Harvard University Press, Copyright © 1958 by the President and Fellows of Harvard College. Copyright © renewed 1986 by the President and Fellows of Harvard College. Copyright © 1914, 1924, 1932, 1942 by Martha Dickinson Bianchi. Copyright © 1952 by Alfred Leete Hampson. Copyright © 1960 by Mary L. Hampson.

Published by arrangement with Harvard University Press.

艾蜜莉‧狄金生的詩：註解版，edited by Ralph W. Franklin, Cambridge, Mass.: The Belknap Press of Harvard University Press, Copyright © 1998 by the President and Fellows of Harvard College. Copyright © 1951, 1955 by the President and Fellows of Harvard College. Copyright © renewed 1979, 1983 by the President and Fellows of Harvard College. Copyright © 1914, 1918, 1919, 1924, 1929, 1930, 1932, 1935, 1937, 1942 by Martha Dickinson Bianchi. Copyright © 1952, 1957, 1958, 1963, 1965 by Mary L. Hampson.

Published by arrangement with Harvard University Press.

◎ 初春：詩人的家與家人

"A meandering mass" and "Ribbons of peony": Bianchi, *Face to Face*, 39.

"Seems indeed to": L59, October 25, 1851, to Austin Dickinson.

"The strawberries are": Pollack, Vivian, ed. *A Poet's Parents* (Chapel Hill: The University of North Carolina Press, 1988), 114.

"Tell . . . papa to," "I was reared" and "Tell Vinnie I" : L206, late April 1859 to Louise Norcross.

"With fruit, and" : L52, September 23, 1851, to Austin Dickinson.

"We all went" : L129, June 26, 1853, to Austin Dickinson.

"Subsoiling" : L1000, August 1885 to Edward (Ned) Dickinson.

"Mother went rambling" : L339, early spring 1870 to Louise and Frances Norcross.

"Everything now seems" : *Amherst Record*, February 27, 1857.

"That Month of" : L976, March 1885 to Helen Hunt Jackson. The letter continues, "Sleigh Bells and Jays contend in my Matinee, and the North surrenders, instead of the South, a reverse of bugles."

"In Hyacinth time" : L823, early May 1883 to Mrs. J. Howard Sweetser.

"The Snow will" : L885, February 1884 to Mrs. Henry Hills.

"That a pansy" : L435, circa spring 1875 to Mrs. William A. Sterns.

"Nature's buff message" : Jenkins, *Friend and Neighbor*, 121.

◎ 暮春：詩人的教育

"Professor Fiske will" : Leyda, *The Years and Hours*, vol.1, 32.

"I was always" : L492, circa March 1877 to Mrs. J. G. Holland.

"Two things I" : Leyda, *The Years and Hours*, vol.2, 477.

"My Dear little" : Leyda, *The Years and Hours*, vol.1, 45.

"Our trees are" : L2, May 1, 1842, to Austin Dickinson.

"Edward Dickinson Esq." : Leyda, *The Years and Hours* 1: 121 quoting the Hampshire Gazette, September 15, 1847.

"The trees stand" : L286, circa October 1863 to Louise and Frances Norcross.

"I take good" : L165, early June 1854 to Austin Dickinson.

"Besides Latin I" : L3, May 12, 1842, to Jane Humphrey.

"We found that" : Leyda, *The Years and Hours*, vol.1, 84.

"When Flowers annually" : L488, early 1877 to Thomas Wentworth

Higginson.

"Even the driest"：Higginson, Thomas Wentworth. "My Out-Door Study," *The Atlantic Monthly* 8 (September 1861): 303.

"The study of"：Lincoln, Almira H. *Familiar Lectures on Botany* (Hartford, CT: H. and F. J. Huntington, 1829), 10. 請留意，愛爾米拉‧哈特‧林肯（Almira Hart Lincoln）在喪夫之後再嫁，冠了丈夫的姓氏費爾普斯（Phelps）。條目常被列在費爾普斯下而非林肯下。

"That part of"：Lincoln, *Familiar Lectures on Botany*, 75. 請留意，該花冠的圖片來自此書的 1841 年版本。

"I have been"：L6, May 7, 1845, to Abiah Root. 請留意，哈佛的霍頓圖書館蒐集了一些植物標本冊中沒有的狄金生植物標本，數量不多。部分標本來自歐洲、印度和地中海東部。將這些標本縫在紙張上並標示名稱的是一位不知名的收集者，有可能是狄金生認識的、為了傳教而出國的朋友。另一組標本包括了未辨明品種、經過壓乾的植物，哈佛在取得這些標本後將其裱框。

"An herbarium neatly,"　"You will experience"：Lincoln, *Familiar Lectures on Botany*, 43.

"There were several"：L23, May 16, 1848, to Abiah Root.

"A rosy boast"：L318, early May 1866 to Mrs. J. G. Holland.

"The mud is"：L339, early spring 1870 to Louise and Frances Norcross.

"Root highly efficacious"：Eaton, Amos. *Manual of Botany* (Albany, NY: Websters and Skinners, 1822), 446.

"Bowdoin took Mary's"：Bingham, Millicent Todd. *Emily Dickinson's Home* (New York: Harper & Brothers, 1955), 239, from Lavinia Dickinson's letter to Austin Dickinson, May 10, 1852.

"The Apple Trees"：L823, early May 1883 to Mrs. J. Howard Sweetser.

"I had long"：L458, spring 1876 to Thomas Wentworth Higginson.

"When much in"：L271, August 1862 to Thomas Wentworth Higginson.

"Shaggy Ally"：L280, February 1863 to Thomas Wentworth Higginson.

"Hills – Sir and"：L261, April 25, 1862, to Thomas Wentworth Higginson.

"Could' nt Carlo" : L233, circa 1861 to unknown recipient.

"I talk of all" : L212, December 10, 1859, to Mrs. Samuel Bowles.

"Vinnie and I" , " Carlo – comfortable – terrifying" : L194, September 26, 1858, to Susan Gilbert Dickinson.

"Carlo is consistent" : L285, October 7, 1863, to Louise and Frances Norcross.

"When, as a little" : Leyda, *The Years and Hours*, vol.2, 21.

"Carlo died" : L314, late January 1866 to Thomas Wentworth Higginson.

"I explore but" : L319, June 9, 1866, to Thomas Wentworth Higginson.

"The lawn is full" : L318, early May 1866 to Mrs. J. G. Holland.

"Today is very" : L122, May 7, 1853, to Austin Dickinson.

"If we had been married" : Leyda, *The Years and Hours*, vol.1, 4.

"There were three tall" : Bianchi, *Face to Face*, 4.

"White-Sunday" : Bianchi, *Face to Face*, 5.

"Calvinism is a somewhat" : Bingham, Millicent Todd. *Ancestors' Brocades* (New York: Harper & Brothers, 1945), 196.

"The wood is piled" : Bingham, *Emily Dickinson's Home*, 239.

"Seeds in homes" : L691, mid-April 1881 to Louise and Frances Norcross.

"Vinnie and Sue" : L262, spring 1862 to Mrs. Samuel Bowles.

"It is lonely" : L340, May 1870 to Louise Norcross.

"I feel unusually" : Bingham, *Emily Dickinson's Home*, 283.

"Is not an absent" : L824, circa May 1883 to Maria Whitney.

"I have long been" : L823, early May 1883 to Mrs. J. Howard Sweetser.

"I send you a little: Jenkins, *Friend and Neighbor*, 126.

"Of idleness and" : Bianchi, *Life and Letters*, 60.

"I must just show" : L502, late May 1877 to Mrs. J. G. Holland.

"Buccaneers of Buzz" : P1426.

◎ 初夏：詩人的旅程

想瞭解更多奧本山的參觀、歷史或農業相關資訊（如今那裡依然是開放參觀的墓園暨植物園），請至 mountauburn.org。

"I have been to Mount," "Have you ever been," and "Do you have any flowers" : L13, September 8, 1846, to Abiah Root.

"A beautiful flat" : *Transactions of the Massachusetts Horticultural Society for the Years 1843-4-5-6* (Boston: Dutton and Wentworth's Print, 1847), 158.

"I attended the Horticultural" : Leyda, *Years and Hours*, vol.1, 30.

"Expulsion from Eden" : L552, circa 1878 to Mrs. Thomas P. Field.

"How do the plants" : L17, November 2, 1847, to Austin Dickinson.

"At 6 o'clock" : L18, November 6, 1847, to Abiah Root.

"Trees show their" : Bingham, *Emily Dickinson's Home*, 352.

"Sweet and soft" and "He says we forget" : L178, February 28, 1855, to Susan Gilbert.

"One soft spring" : L179, March 18, 1855, to Mrs. J. G. Holland.

"The tiny Greville" : Bianchi, *Emily Dickinson International Society Bulletin*, 2.

"I quite forgot" : L124, circa June 1853 to Emily Fowler (Ford).

"Vinnie picked the" : L820, spring 1883 to Mrs. J. G. Holland.

◎ 仲夏：詩人的土壤

"I supposed we were" and "They say that 'home'" : L182, January 20, 1856, to Mrs. J. G. Holland.

"The Northwest Passage" and "She received me" : Bianchi, *Face to Face*, 25.

"On one occasion" : Jenkins, *Friend and Neighbor*, 91.

"I prefer pestilence" : L318, early March 1856 to Mrs. J. G. Holland.

"I went out" : L165, early June 1854 to Austin Dickinson.

"Vinnie trains the" : L267, mid-July 1862 to Louise and Frances Norcross.

"How is your garden" : L235, circa August 1861 to Mrs. Samuel Bowles.

"Why do people" : Jenkins, *Friend and Neighbor*, 13.

"White one with" : Bianchi, *EDIS*, 4.

"The only Commandment" : L904, early June 1884 to Mrs. Frederick Tuckerman.

"Must it not" : L824, May 1883 to Maria Whitney.

"The Pink Lily" : L308, mid-May 1865 to Lavinia Dickinson.

"The poet knows" : Emerson, Ralph Waldo. *The Prose Works of Ralph Waldo Emerson* (Boston: Fields, Osgood, & Co., 1870), 427.

"I bring you a Fern" : L472, late summer 1876 to Thomas Wentworth Higginson.

"Then I am the Cow Lily" : Whicher, George Frisbie. *Emily Dickinson: This Was a Poet* (New York: Charles Scribner' s Sons, 1938), 55.

◎ 暮夏：樹籬之隔

"A Balboa of" : Bianchi, Martha Dickinson, ed. *Complete Poems of Emily Dickinson* (Boston: Little, Brown and Company, 1924), 1.

"Could it please" : L330, June 1869 to Thomas Wentworth Higginson.

"Are you too deeply" : L260, April 15, 1862, to Thomas Wentworth Higginson.

"A large country" : L342a, August 16, 1870, from Thomas Wentworth Higginson to his wife.

"Let me thank" : L1002, circa 1885 to Eugenia Hall.

"I am from" : *Emily Dickinson: A Letter* (Amherst, MA: Amherst College, 1992), 1.

"Of 'shunning Me" : L271, August 1862 to Thomas Wentworth Higginson.

"Garden off the dining" and "Crocuses come up" : L279, early February 1863 to Louise and Frances Norcross.

"She tolerated none" : Bianchi, *Life and Letters*, 53.

"She let me" : Bianchi, *Face to Face*, 4.

"I send you inland" : L437, mid-April 1875 to Mrs. Edward Tuckerman.

"My flowers are near" : L315, early March 1866 to Mrs. J. G. Holland.

"Her crowning attention" : Bianchi, Face to Face, 42.

"Vinnie is happy" : L969, early 1885 to Maria Whitney.

"All her flowers" : Bianchi, *EDIS,* 4.

"I had on my most" : Bianchi, *Recollections of a Country Girl*, 288.

"One Sister have" : P5.

"I have to go" : Leyda, *Years and Hours*, vol.1, 247.

"Was almost certain" : Jenkins, *Friend and Neighbo*r, 73.

"I hope the Chimneys" : L308, from Cambridge, mid-May 1865 to Lavinia Dickinson.

"It was here" and "When her father" : Jenkins, *Friend and Neighbor*, 36.

"A strange wonderful" : Lombardo, *A Hedge Away*, 2.

"The men with" : Bianchi, *Face to Face*, 136.

"Fresh asparagus" : Susan Gilbert Dickinson, "The Annals of the Evergreens," 15.

"I am very busy" : L771, October 1882 to Margaret Maher.

"Sue – draws her" : L262, spring 1862 to Mrs. Samuel Bowles.

"We have all heard" : L851, circa 1883 to Edward (Ned) Dickinson.

"Aunt Emily waked" : L711, circa 1881 to Gilbert (Gib) Dickinson.

"Oftenest it was" : Bianchi, *Face to Face*, 9.

"She was not shy" : Jenkins, *Friend and Neighbor*, 21.

"We knew the things" : Jenkins, *Friend and Neighbo*r, 41.

"She had a habit" : Jenkins, *Friend and Neighbor,* 37.

"Which shall it be" : Jenkins, *Friend and Neighbor*, 58. Note that the handwriting in Dickinson's original is now read as "Geraniums or Juleps" rather than "Tulips," as Jenkins transcribed it.

"Old Testament weather" : Bianchi, *Recollections of a Country Girl,* 292.

"The Days are" : L502, late May 1877 to Mrs. J. G. Holland.

"We are reveling" : L473, August 1876 to Mrs. J. G. Holland.

"Today is parched" : L723, late summer 1881 to Mrs. J. G. Holland.

"Vinnie is trading" : L272, circa August 1862 to Samuel Bowles.

"It was unbroken" : Allen, Mary Adele. *Around a Village Green: Sketches of Life in Amherst* (Northampton, MA: The Kraushar Press, 1939), 76.

"The Weather is like" : L650, July 1880 to Mrs. J. G. Holland.

"I've got a Geranium" : L235, circa August 1861 to Mrs. Samuel Bowles.

"I write in the midst" : L1004, summer 1885 to Mabel Loomis Todd.

"Such a purple" : L267, mid-July 1862 to Louise and Frances Norcross.

"I cooked the peaches" and "The beans we" : L340, circa May 1870 to Louise Norcross.

"Picked currants" : Lavinia Dickinson's diary is part of the Martha Dickinson Bianchi Papers 1834–1980, Ms. 2010.046, Brown University Library Special Collections.

"Those who have" : Child, Lydia Marie. *The American Frugal Housewife* (New York: Harper & Row, 1972 reprint of the 1830 edition), 83.

"I shall make Wine Jelly" : L888, early 1884 to Mrs. J. G. Holland.

◎ 秋分：詩人的城鎮

"It would be best" : L294, September 1864 to Susan Gilbert Dickinson.

"For the first few" : L302, early 1865 to Louise Norcross.

"The laying out" : Leyda, *Years and Hours*, vol.1, 349.

"I loved the part" : Bianchi, *Recollections of a Country Girl*, 17.

"Not to walk" : Bianchi, *Recollections of a Country Girl*, 29.

"Speeches were made" : Leyda, *Years and Hours* 2: 30.

"Aunt Katie and" : 668, autumn 1880 to Mrs. Joseph A. Sweetser.

"For the encouragement" : Leyda, *Years and Hours*, vol.1, 74.

"I think too" : Leyda, *Years and Hours*, vol.1, 129.

"A basket and" : Leyda, *Years and Hours*, vol.1, 374.

"Austin and Sue" : L619, October 1879 to Mrs. J. G. Holland.

"Aunt Emily's conservatory": Bianchi, *Recollections of a Country Girl*, 59.

"We go to sleep": L520, September 1877 to Jonathan L. Jenkins.

"Summer? My memory": L195, November 6, 1858, to Dr. and Mrs. J. G. Holland.

"The sere, the yellow leaf": from *Macbeth* V.iii.22–23, is quoted in Letters 7 and 73.

"We are by September": L354, early October 1870 to Mrs. J. G. Holland.

"There is not yet": L521, September 1877 to Mrs. J. G. Holland.

"Evenings get longer": L194, September 26, 1858, to Susan Gilbert Dickinson.

" 'Dragged' the garden": L337, late 1869 to Louise Norcross.

"The garden is amazing": L49, July 27, 1851, to Austin Dickinson. 阿莫斯・紐波特（Amos Newport）是非洲裔，他的曾祖父曾是一位奴隸，成功靠法律控訴重獲自由。阿莫斯在 1850 年代替狄金生家庭工作。在 1855 年的人口普查資料中，他 80 歲，和他同住的是 66 歲的妻子蜜爾塔・潘恩・紐波特（Melita Paine Newport）與另外 7 人（應該是他的孩子和孫子），他們也同樣姓紐波特，最小的 2 歲，最大的 34 歲。他在 1859 年死亡，葬在安默斯特的西區墓園。他的死亡證明上列出的職業是「勞工」。

"He is the one": L692, spring 1881 to Mrs. J. G. Holland.

"Flaunted red and": Bianchi, *EDIS*, 1.

"Gentlemen here have": L209, circa 1859 to Catherine Scott Turner.

"Trailed over everything": Bianchi, *EDIS*, 2.

"How the sun": Bianchi, *EDIS*, 2.

"Let Horace save": Bingham, *Emily Dickinson's Home*, 386.

"I am small": L268, July 1862 to Thomas Wentworth Higginson.

"I havn't felt": L1041, April 17, 1886, to Elizabeth Dickinson Currier.

"We reckon – your coming": L272, circa August 1862 to Samuel Bowles.

"The grapes too" and "The cider is almost": L53, October 1, 1851, to Austin Dickinson.

"Aside from": Barry, Patrick. *The Fruit Garden* (New York: Charles Scribner, 1852), 178–179.

"The Aunt that": L1049, circa 1864 to Lucretia Bullard.

"We have no Fruit": L936, September 1884 to Mrs. J. G. Holland.

"Men are picking": L656, early September 1880 to Louise Norcross.

"Hips like hams": L343, late summer 1870 to Louise and Frances Norcross.

"It was so delicious": L438, circa 1875 to Samuel Bowles.

"A mutual plum": L321, late November 1866 to Mrs. J. G. Holland.

"Vinnie sent me": Leyda, *Years and Hours*, vol.2, 381.

在 "Besides the autumn poets sing" 中，狄金生引用了兩位詩人的文句：威廉・卡倫・布萊恩特（William Cullen Bryant）和詹姆斯・湯姆森（James Thomson）。布萊恩在麻州康明頓出生長大，距離安默斯特不到 25 英里。在他的詩作 "My Autumn Walk" 中，他寫道："The golden-rod is leaning, and the purple aster waves." 這首詩是在 1864 年為季節與美國內戰寫成的頌歌。湯姆森的 "Sheaves" 出自一首傑出的詩作 "The Seasons"，裡面寫道："Crown'd with the sickle and the wheaten sheaf, while Autumn, nodding o'er the yellow plain, comes jovial on."

"The plants went into": L948, autumn 1884 to Maria Whitney.

"A lovely alien," "It looked like tinsel," and "It haunted me": L479, circa November 1876 to Louise and Frances Norcross.

"In early Autumn": L746, January 1882 to Mrs. Joseph A. Sweetser.

"Veils of Kamchatka": L685, early January 1881 to Mrs. J. G. Holland.

"I trust your Garden": L668, autumn 1880 to Mrs. Joseph A. Sweetser.

◎ 寒冬：詩人的輓歌

"No event of" and "The Hand that": L432, late January 1875 to Mrs. J. G. Holland.

"I do not go away": L735, circa 1881 to Thomas Wentworth Higginson.

"She was so fond": Bingham, *Ancestors' Brocades*, 8.

“When it shall come”：L901, early June 1884 to Mrs. J. G. Holland.

“I wish, until”：L207, September 1859 to Dr. and Mrs. J. G. Holland.

“As to playing”：October 4, 1841, from Deborah Fiske to Helen Maria Fiske, from Special Collections, Tutt Library, Colorado College, Colorado Springs, Colorado.

“Her great dog”：Leyda, *Years and Hours*, vol.2, 14.

“There were three”：Jackson, Helen Hunt, *Mercy Philbrick's Choice* (Boston: Roberts Brothers, 1876), 126.

“The quaint, trim,”：Jackson, *Mercy Philbrick's Choice*, 26

“You are a great”：L444a, late October 1875 from Helen Hunt Jackson to Emily Dickinson.

“We have blue”： L601a, circa April 1879 from Helen Hunt Jackson to Emily Dickinson.

“To the Oriole”：L602, circa 1879 to Helen Hunt Jackson.

“One of the ones”：P1488.

“Soon after I”：Leyda, *Years and Hours*, vol.2, 361.

“That without suspecting”：L769, late September 1882 to Mabel Loomis Todd.

“The man of the household”：Bianchi, *Recollections of a Country Girl*, 287.

“I cannot make”：L770, October 1882 to Mabel Loomis Todd.

“He was as much”：Bingham, *Ancestors' Brocades*, 6.

“I don’t like”：Longsworth, Austin and Mabel, 118.

“Most artistic and beautiful” and “My own place”：Longsworth, *Austin and Mabel*, 415.

“My House is”：L432, late January 1875 to Mrs. J. G. Holland.

“Days of jingling”：L190, early summer 1858 to Joseph A. Sweetser.

“Winter’s silver fracture”：P950.

“My garden is a little” and “It storms in Amherst”：L212, December 10, 1859, to Mrs. Samuel Bowles.

"In Bliss' Catalogue" : L689, early spring 1881 to Mrs. J. G. Holland.

"A more civic" : L1037, early spring 1886 to Mrs. George S. Dickerman.

"I have made a permanent" : L882, early 1884 to Mrs. J. G. Holland.

"For the way" : Bianchi, *Face to Face*, 45.

"I wish I could" : L807, mid-March 1883 to James D. Clark.

"Haven' t we had" : L9, January 12, 1847, to Abiah Root.

"Ribbons of the year" : P1065.

"Then we all walked" : Bingham, *Ancestors' Brocades*, 3.

"In childhood I never" : *EDIS*, 2.

"Joan of Arc" : Bingham, *Ancestors' Brocades*, 87.

"Publication – is the Auction" : P788.

◎ 灌溉：一座詩人的花園

"How few suggestions" : L888, early 1884 to Mrs. J. G. Holland.

"The beautiful blossoms" : L1038, early spring 1886 to Mrs. J. G. Holland.

"Loo left a tumbler" : L267, mid-July 1862 to Louise and Frances Norcross.

"Grasping the proudest" : L195, November 6, 1858, to Dr. and Mrs. J. G. Holland.

"I wish you" : L405a, undated from Thomas Wentworth Higginson to Emily Dickinson.

"A butterfly Utopia" : Bianchi, Face to Face, 9.

"And with these receding） : Higginson, Thomas Wentworth. *Outdoor Studies Poems* (Cambridge, MA: The Riverside Press, 1900), 68.

" 'Come quickly' " : Jenkins, *Friend and Neighbor,* 122.

"There are not many" : L23, May 16, 1848, to Abiah Root.

◎ 拜訪：詩人的祕密花園

"And the old garden" : Todd, *The Letters of Emily Dickinson*, 352. 在這段節錄的文字中，"ranks of seeds their witness bear" 來自 P122A。陶德的描述與

瑪莎 · 狄金生 · 畢安其後來的文學筆記相符合，不過畢安其女士要是看到她的名字和陶德扯上關係想必會十分驚恐。奧斯丁與梅布爾 · 魯米斯 · 陶德約會所帶來的世代衝突，竟導致狄金生的作品在 20 世紀中葉之前一直無法完整出版。

"Four black walnut": Newspaper clipping, October 1, 1938, Jones Library Special Collections.

"Reminded him of skeleton": Habegger, *My Wars Are Laid Away in Books*, 558.

"Spice Isles": L315, early March 1866 to Mrs. J. G. Holland.

請留意，大衛 · 陶德和梅布爾 · 陶德的家〈山谷〉原本位置是現在位於春街 97 號的山谷對面。後來的屋主在 1907 年把房子拆除，在原本的地點蓋了一棟殖民復興風格的房子。

請留意，狄金生臥室中的家具擺設。1950 年，瑪莎 · 狄金生 · 畢安其的繼承人把艾蜜莉 · 狄金生的絕大多數手稿（詩與信件），以及臥室的舊寫字桌和櫻桃木櫥櫃，還有一系列的個人物品（包括歐提斯·洛德送她的戒指）都賣掉了。買方是吉伯特 · 蒙塔格（Gilbert Montague），他是狄金生家族中血緣較遠的表親，也是一位哈佛研究生，他把這些東西都捐給了哈佛學院圖書館。因此，若你想要觀賞更多原本屬於詩人的家具，必須往東開 90 英里前往劍橋，參觀哈佛的霍頓圖書館中的艾蜜莉 · 狄金森室。圖書館每週只有開放一次定期導覽或可接受事前預約。

◎ 後記

"North Wind": L689, early spring 1881, to Mrs. J. G. Holland.

"Lap the miles"，"hooting stanza": Dickinson, Emily. *Poems, Second Series* (Boston: Roberts Brothers, 1891) p. 39, Author collection.

關於書中的植物插畫

本書的彩色植物學手繪圖出自三位新英格蘭藝術家之手,他們的人生都和狄金生有關。

歐拉・懷特・希區考克(Orra White Hitchcock,1796–1863)是狄金生一家人的朋友,她的科學繪圖主題從植物學至地理學皆含括在內。安默斯特學院的校長愛德華是她的丈夫,其經常使用她繪製的圖像當作自然歷史課與寫作的插圖。

克萊麗莎・孟格・貝嘉(Clarissa Munger Badger,1806–1899)是一位康乃狄克的藝術家暨詩人,其畫筆為她帶來的名聲遠勝過墨水筆。艾蜜莉・狄金生有一本尺寸極大的書,裡面收錄了許多貝嘉的鮮豔平版印刷畫。撰寫該書引言的,是當時十分知名的新英格蘭詩人麗迪雅・亨特利・席格尼(Lydia Huntley Sigourney)。

後人對海倫・夏普(Helen Sharp,1865–1910)所知甚少,她是一位麻州的植物繪師,此外,她曾在波士頓自然歷史學會(Boston Society of Natural History)擔任羅伯特・威拉德・葛林利夫教授(Dr. Robert Willard Greenleaf)的助理。夏普的產量極高,從 1888 年開始創作(狄金生死後沒多久開始)直至 1910 年,共繪製了 18 本精緻水彩素描,共 1000 多種植物,絕大多數都是新英格蘭原生種。她描繪的許多野花也曾出現在艾蜜莉・狄金生的文字與植物標本冊中。夏普過世後葬在奧本山墓園,與艾蜜莉・狄金生花園的宏大故事連貫在一起。

照片、插圖版權來源

• P.2, 30, 43, 69, 118, 161: Amherst College Archives and Special Collections, by permission of the Trustees of Amherst College.

• P.37, 55, 83, 94 right, 95, 102 top, 112, 135, 136 left: Amherst College Archives and Special Collections, by permission of the Trustees of Amherst College, edited for clarity with permission by Yolanda V. Fundora.

• P. 23, 49, 53 top, 53 bottom, 54, 63, 70 right, 75, 81, 90, 105 bottom, 106 bottom, 128, 130, 140, 146, 178, 182, 185 bottom: Author collection.

• P. 170, 171: B.K. Bliss and Sons' Illustrated Hand Book for the Farm and Garden for 1881, Special Collections, USDA Agricultural Library.

• P. 59: Boston Athenæum.

• P. 28: Courtesy of Boston Public Library / Rare Books.

• P. 132: Department of Special Collections and University Archives, W.E.B. Du Bois Library, University of Massachusetts Amherst.

• P. 20, 21: Houghton Library, Harvard University.

• P. 42 bottom; (8), P. 39, 40; (16), P. 138 top; (26), P. 120; (29), P. 88; (38), P. 136 top right; (46), P. 200; (83), P. 155; (84), P. 166: Houghton Library, Harvard University, MS Am 1118.11.

• P. 8, 32, 82 right, 101 bottom, 107, 129, 180: Courtesy of the Jones Library, Inc., Amherst, Massachusetts.

• P. 14, 179: The Emily Dickinson Museum, Amherst, Massachusetts.

• P. 13, 16, 17 bottom, 51, 53 middle, 72, 74 top, 77, 78, 82 left, 85, 89, 94 left,

101 top, 102 bottom, 105 top, 108, 110, 133, 136 bottom, 145 top, 151, 156, 177, 181, 190, 191, 192, 193, 198, 199: Kelly Davidson.

• P. 27, 42 top left, 99 bottom, 123, 126, 149, 176: From the Rare Book Collection of the Lenhardt Library of the Chicago Botanic Garden,

• P. 17 top, 76, 127: Library of Congress, Geography and Map Division.

• P. 138 bottom: Library of Congress, Historic Sheet Music Collection.

• P. 61, 66: Library of Congress, Prints & Photographs Division.

• P. 15, 36, 41, 45, 48, 70 bottom, 86, 93, 119: The LuEsther T. Mertz Library of the New York Botanical Garden.

• P.18: The LuEsther T. Mertz Library of the New York Botanical Garden, created by John Kirk in 2010, based on a drawing by Marta McDowell.

• P.144, 165: Michael Medieros for the Emily Dickinson Museum.

• P. 158: National Portrait Gallery, Smithsonian Institution.

• P. 74 bottom: Norman B. Leventhal Map Center, Boston Public Library.

• P. 175: Private Collection.

• P.34, 159: Smithsonian Libraries and the Biodiversity Heritage Library.

• P. 62, 67, 99 top, 106 top left and top right, 160 right, 163, 167, 172: Todd-Bingham Picture Collection, Yale University Library.

• P. 145 bottom: U.S. Department of Agriculture Pomological Watercolor Collection. Rare and Special Collections, National Agricultural Library. Beltsville, MD 20705.

除了上述照片，其餘照片皆為作者自行拍攝。

我以錦緞貨幣－支付款項－
你未曾指明－你的價格－
一片花瓣，支付一個段落
我是這麼猜的－

　　　──F# 526, 1863

謝辭

我之所以能將一個想法培植成一本書，必須要感謝艾蜜莉·狄金生博物館的執行理事珍·瓦德（Jane Wald）和圖書館館長辛蒂·狄金生（Cindy Dickinson），她在第一次帶領我導覽時在身上掛著一個名牌寫著「非親屬」。另外，我也要特別謝謝瓊斯博物館特藏區的辛西雅·賀比森（Cynthia Harbeson）、紐約植物園盧艾斯瑟·莫茲圖書館（LuEsther Mertz Library）的史蒂芬·西諾（Stephen Sinon）、芝加哥植物園蘭哈特圖書館（Lenhardt Library）的利歐拉·西格（Leora Siegel）、安默斯特學院佛斯特圖書館的米密·達金（Mimi Dakin），還有哈佛的霍頓圖書館、麻州園藝學會、麻州大學的W·E·B·杜布瓦圖書館（W. E. B. Dubois Library）、布朗大學圖書館、紐約農業學會、耶魯大學圖書館手稿與檔案區的檔案管理員與圖書館管理員。

在此，尤其感謝安默斯特歷史學會的瑪麗安娜·柯爾林（Marianne Curling）分享她對梅布爾·魯米斯·陶德與「山谷」的景觀設計所做的調查，也要感謝約翰·馬丁（John Martin）和魯迪·法夫瑞帝（Rudy Favretti）為博物館完成了早期的狄金生景觀設計研究。

珍妮·本特（Jenny Bent），你是最卓絕群倫的經紀人，在我許多年前著手開始這個計畫時就教導我如何寫作。珍·達文波特（Jane Davenport）和琳達·奧格曼（Linda O' Gorman），你們是從以前到現在總是都希望文字變得更好的讀者。尤蘭達·方多拉（Yolanda Fundora）和莎拉·史丹利（Sarah Stanley），你們是使圖像歌唱的藝術家（或巫師？）。原木出版社的安德魯·貝克曼（Andrew Beckman）和湯姆·費雪（Tom Fischer），感謝你們提供第二次機會，也感謝無與倫比的貝斯·林區（Besse Lynch）給予信任。

由衷感謝曾在過去數年間和我在艾蜜莉·狄金生博物館的花園裡一起工作的職員和志工，尤其感謝卡爾·隆托（Karl Longto）和維多利亞·迪克森（Victoria Dickson），謝謝我的家人讓我愛上書本與文字，謝謝我的丈夫寇克（Kirke），若沒有他，這顆種子將永遠無法萌芽。

國家圖書館出版品預行編目 (CIP) 資料

詩人的祕密花園：啟發美國著名詩人艾蜜莉．狄金生的植物與場域，梳理其寄花於詩的生命隱喻 / 瑪塔．麥可道威 (Marta McDowell) 著；聞翊均譯 . -- 初版 . -- 新北市：奇点出版：遠足文化發行，2021.1
面； 公分
譯：Emily Dickinson's gardening life: the plants and places that inspired the iconic poet
ISBN 978-986-98941-3-5(平裝)
1. 狄金生 (Dickinson, Emily, 1830-1886) 2. 傳記 3. 詩評
785.28   109016192

art 生活 001

詩人的祕密花園

啟發美國著名詩人艾蜜莉．狄金生的植物與場域，梳理其寄花於詩的生命隱喻

Emily Dickinson's Gardening Life: The Plants and Places That Inspired the Iconic Poet

作者：瑪塔 ． 麥可道威 （Marta McDowell）
譯者：聞翊均
主編：周書宇
封面設計：張巖
內文設計：Rika Su
內文排版：Rika Su
印務：黃禮賢、李孟儒

社長：郭重興
發行人兼出版總監：曾大福
出版：奇点出版 ． 遠足文化事業股份有限公司
地址：23141 新北市新店區民權路 108-3 號 8 樓
網址：www.facebook.com/singularitypublishing
電話：(02) 2218-1417
傳眞：(02)2218-8057

發行：遠足文化事業股份有限公司
地址：23141 新北市新店區民權路 108-2 號 9 樓
電話：(02) 2218-1417
傳眞：(02) 2218-1142
電郵：service@bookrep.com.tw
郵撥帳號：19504465
客服電話：0800-221-029
網址：www.bookrep.com.tw
法律顧問：華洋法律事務所 蘇文生律師
印刷：凱林彩印股份有限公司
電話：(02) 2796-3576
初版一刷：2021 年 1 月
定價：650 元

EMILY DICKINSON'S GARDENING LIFE: THE PLANTS AND PLACES THAT INSPIRED THE ICONIC POET
by MARTA MCDOWELL
Copyright: © 2019 by MARTA MCDOWELL
This edition arranged with Timber Press, LLC through Big Apple Agency, Inc., Labuan, Malaysia.
Traditional Chinese edition copyright: 2021 Singularity Publishing, an imprint of Walkers Cultural Enterprise Ltd. All rights reserved.